为了人与书的相遇

EX LIBRIS J. SOUVEREIN

Umberto
Eco

Jean-Claude
Carrière

N'espérez pas vous débarrasser des livres

别想摆脱书

艾柯&卡里埃尔对话录

[法] 让-菲利浦·德·托纳克 编　吴雅凌 译

广西师范大学出版社
·桂林·

N'espérez pas vous débarrasser des livres
by Jean-Claude Carrière and Umberto Eco
Interviews by Jean-Philippe de Tonnac
© Grasset & Fasquelle, 2009
Simplified Chinese Edition © Guangxi Normal University Press, 2010, 2013
All Rights Reserved.

著作权合同登记图字：20−2009−049

图书在版编目(CIP)数据

别想摆脱书：艾柯、卡里埃尔对话录 / (法) 卡里埃尔, (意) 艾柯 著；
(法) 托纳克编；吴雅凌译.
—2版. —桂林：广西师范大学出版社, 2013.11〔2021.6重印〕

ISBN 978−7−5495−4044−0

Ⅰ.①别… Ⅱ.①卡… ②艾… ③托… ④吴…
Ⅲ.①图书 – 研究 Ⅳ.①G256.1

中国版本图书馆CIP数据核字(2013)第157386号

广西师范大学出版社出版发行

广西桂林市五里店路9号 邮政编码：541004
网址：www.bbtpress.com

全国新华书店经销

发行热线：010−64284815

山东韵杰文化科技有限公司

开本：787mm×1092mm 1/32

印张：13 字数：185千字 图片：16幅

2013年11月第2版 2021年6月第5次印刷

定价：59.80元

如发现印装质量问题，影响阅读，请与出版社发行部门联系调换。

向人类这一半天才、半愚昧的造物致敬

目 录

前 言

艾柯与卡里埃尔相遇的意义

"这一个扼杀另一个。书籍扼杀建筑。"雨果借巴黎圣母院副主教克洛德·弗罗洛之口说出这句名言。[1]建筑当然不会消失，但它将丧失文化旗帜这一功能，因为文化处于不断变化之中，"思想化作书，只需几页纸、一点墨水和一支笔；两相比较，人类的智慧放弃建筑而转至印刷，又何足怪哉？"我们那些"石头砌成的圣经"[2]并没有消失，但自从手抄本和印刷书大量涌现，书这个"智慧的蚁穴"，这个"所有想象如金色蜜蜂携带着蜜簇拥而

---

1 雨果在《巴黎圣母院》第五卷第二章以弗罗洛的这句谜般的话语为标题，探讨了其背后的思想："不幸，这一个将要扼杀另一个。"——本书注释若非特殊说明，均由译者、编辑所加。
2 指教堂。

至的蜂巢"，在中世纪末突然奇异地使建筑丧失了地位。但若要说电子阅读终将损害印刷书籍，让它们彻底走出我们的家和我们的习惯，却也没什么道理。电子书不会扼杀书。古腾堡[1]和他的天才发明，当初也没有立即取代莎草手稿和羊皮纸卷轴（volumina）的交易。实用与习惯并存，人类最喜欢的莫过于扩展各种可行性。电影扼杀绘画了吗？还是电视扼杀电影？那么欢迎来到远程阅读版块，只需一个屏幕，我们就能进入世界各地的数字化图书馆。

真正的问题在于，屏幕阅读将给我们迄今为止翻着书页的生活带来何种改变？这些崭新的"小白书"将让我们赢得什么？又将让我们失去什么？陈旧的习惯——也许吧；某种神圣性——当一种文明将书置于圣坛之上，书就环绕着特殊的神圣性；某种作者与读者之间独有的

1　古腾堡（Gutenberg，约1400—1468），西方活字印刷术的发明人。他最早印刷了一百八十多册《圣经》，称为"古腾堡圣经"。艾柯和卡里埃尔在对话中多次谈到这一所有藏书家梦寐以求的印刷初期珍本。

私密关系——超文本的概念必然要破坏这种私密；"隐修"（clôture）的概念——这是书籍、显然还有某些阅读行为所具有的象征意义。在法兰西公学的第一堂课上，罗歇·夏尔蒂埃[1]说道："电子革命打破了话语与其物质性之间的旧有联系，迫使我们理性地审视一切与写作有关的行为和概念。"这是一场深刻的剧变，很有可能，但我们终将从中恢复。

让-克洛德·卡里埃尔与安贝托·艾柯的对话不是为了定义大规模（或非大规模地）采纳电子书可能带来的变化和骚乱。他们都是藏书家和珍本爱好者，四处追踪寻索印刷初期珍本[2]，这些经验使他们持有以下观点：书籍就像轮子，代表想象秩序中的某种完美，无法超越。人类社会发明了轮子，轮子从此就周而复始，没完没了。倘若我们把书籍的产生追溯至古抄本（大约公元 2 世纪）

1　罗歇·夏尔蒂埃（Roger Chartier, 1945— ），法国历史学家。
2　印刷初期珍本（incunable），指初有印刷术时的出版物，也就是从古腾堡圣经算起直到 1500 年前出版的所有书籍。正文"今天出版的每本书都是后印刷初期珍本"一章中将详细谈到这个概念。

或更古老的莎草手稿，摆在我们眼前的还是同一种工具，就算它本身经历了蜕变，依然异乎寻常地忠于自我。书籍就像一种"知识或想象的轮子"，任何得到认可或遭到质疑的技术革命都不能停止它的转动。这一点一经确认，真正的对话也得以展开。

书籍做好了技术革命的准备。可是书究竟是什么？我们架子上的书，全世界图书馆里的书，包含了人类自书写以来所积累的知识与梦想的书，究竟是什么？我们如何看待这场以书为名展开的精神奥德赛？书朝我们举起了哪面镜子？如果只考虑书业大潮的浪尖泡沫——那些文学共识赖以建立的经典杰作——我们是否忠于书籍的根本功能：妥善保存那些受遗忘威胁的、随时可能消亡的东西？此外，鉴于人类文明的浩瀚典籍同时也反映出令人惊讶的贫乏，我们是否应该接受一个顶不讨喜的自我形象？我们自身的进步使我们忘却苦难，以为自己永远逃离了苦海，但书籍一定是进步的象征吗？书籍究竟在对我们说些什么？

图书馆见证了人类自身的某种最真诚的认知，正是这一见证的本质引发了上述疑问。这些疑问又引发另一些有关发生在我们身上的事件的疑问：书是否忠实反映了人类天才在各种灵感之下的创造？这个问题一经提出，必然引起不安。我们怎能不立刻想起无数书籍葬身其中的烈火？由于这些书籍及其象征的言论自由，众多审查官应运而生，他们控制书的使用和传播，有时甚至彻底没收。当有组织的销毁不再可能时，火焰甚至把整个整个的图书馆带向沉默，仅仅出于焚烧与毁灭的纯粹热情。一个个火刑堆熊熊燃烧，相互催热，直到形成这种说法：数量庞大得不可控的书籍，必须加以某种形式的管束。因此，书籍产生史是与不折不扣并且不断更新的书籍破坏史相伴相生的。审查、无知、愚蠢、审讯、火刑、忽略、消遣、火灾等造成了书的旅程中不计其数的暗礁，有些还是致命的。倘若《神曲》佚失，任何档案整理和文献保存的努力都无法使它起死回生。

我们思考广义的书籍概念，思考那些顶住各种毁灭威胁、存留至今的书，并由此形成本书对话围绕展开的两个主题（这些对话分别在卡里埃尔在巴黎的家中和艾柯在蒙特彻里诺的家中断续进行）。所谓文化，实际上是一个不断拣选和过滤的漫长过程。各种书籍、绘画、电影、漫画、艺术品的完整藏品，要么保留在审查者手里，要么从此消失于火中，要么只是渐渐为世人遗忘。今天留下的书，在过去几世纪的庞大遗产中，是最佳的一部分？还是最差的一部分？在创造性表达的各个领域里，我们究竟收集了纯金块还是泥沙？我们至今仍在阅读欧里庇得斯、索福克勒斯和埃斯库罗斯，称他们为古希腊三大悲剧诗人。然而，在《诗学》这部讨论悲剧的著作中，当亚里士多德援引在他看来最为出色的悲剧作者，却没有提到以上三位诗人的名字。那些佚失的作品是否就是最好的，比我们保存的更能代表古希腊悲剧？从此又有谁能帮我们解决这样的困惑？

在亚历山大图书馆以及其他同样葬身火海的图书馆，无数莎草卷轴被付之一炬，它们当中或许也有不少蹩脚作品，一些没有品相或愚蠢不堪的作品，我们能否借助这个想法安慰自己？既然图书馆也收藏了大量无用的财富，我们能否换一种相对的眼光来看待这些历史的巨大损失，这种对人类记忆的自觉或不自觉的抹杀，从此满足于我们保存下来的东西，满足于文明社会用尽世上所有技术竭力稳妥保存、却终究无法持久的东西？无论我们怎样决心让历史说话，我们在图书馆、博物馆和电影资料室里只能找到那些时间没有或尚未销毁的作品。我们从此意识到，在一切均被遗忘之后，文化只能是那些幸存下来的东西。

在整个漫谈过程中，最令人愉快的莫过于"向愚蠢致敬"。人类的愚蠢默默守候着他们巨大而固执的劳作，绝不为他们偶尔的专断而自咎。正是在这一系列对话中，我们看到了符号学家艾柯与电影编剧卡里埃尔这两位藏书家、爱书人相遇的意义。艾柯收藏了一系列有关人类的虚假和谬误的极其珍贵的作品，在他看来，这些作品权衡着任何试图建立真理的倾向。他解释道：

人类是一种不可思议的造物。他发现火，建就城市，创作美妙诗篇，解释世界万物，创造神话形象，等等。然而，与此同时，他从未停止与同类战争，铸下大错，毁坏环境。在高等心智与低级愚蠢之间的平衡，最终形成某种近乎不好不坏的结果。因此，当我们决定谈论愚蠢，从某种意义来说，我们在向人类这一半天才、半愚昧的造物致敬。

书籍既会如实反映人类追寻更好生活的憧憬与禀赋，必然也会有言过其实的夸耀和贬低。因此，我们也不要指望摆脱那些虚假、错误的书籍，甚至那些以可靠的眼光来看完全愚蠢的书籍。它们将如忠实的影子，追随我们直到最后一刻，毫不欺瞒地讲述我们曾经是，尤其我们现在还是——热情、固执但确实毫无顾忌的探索者。当谬误仅仅属于那些勇于探索并犯错的人，谬误就是人性的。每一道得以解答的方程式，每一个得到证明的假设，每一次得到改进的实验，每一种获得共识的观点，在到达这些以前，有多少道路通向绝境？人类渴望最终超越自身令人厌烦的卑劣性，在他们身上，这些书唤醒了梦想，与此同时又损坏那些梦想，使之黯淡。

作为著名电影编剧、戏剧家和评论家，卡里埃尔对愚蠢这一不为人知的纪念碑表现的关注也毫不逊色。在他看来，人们对愚蠢的探寻还不够充分。他曾以"愚蠢"为题撰写过一本书，此书经得持续再版：

六十年代，我和居伊·贝什泰尔在写后来不断再版的《愚蠢辞典》时曾自问：为什么只关注智慧、杰作和精神丰碑的历史？在我们看来，福楼拜所珍视的人类的愚蠢要普遍得多，这是显而易见的。愚蠢更丰富多产，更具启发性，在某种意义上，更公正。

卡里埃尔对愚蠢的关注使他完全能够理解艾柯，理解他努力收集这些证明人类激情的东西——炽热、盲目、将人引入歧路的激情。我们显然可以在愚蠢和谬误之间辨识出某种联系，某种秘密的同谋关系，几个世纪以来，似乎没有什么能够挫败这种关系。然而最令读者惊讶的也许在于，在《愚蠢辞典》和《虚假战争》两位作者的问答之间，存在着感同身受的默契，这一点在对话中时时得到映现。

让－克洛德·卡里埃尔和安贝托·艾柯饶有兴致地观察和记录着人类探索过程中的这些意外事件，他们深信，若要对人类的奇遇有所领悟，就不仅要通过人类的辉煌，还要通过人类的失败。在这里，他们围绕记忆展开出色的即兴言谈，从各种难以弥补的失败、缺陷、遗忘和损失说起——所有这一切，与我们的杰作一起，成就了人类的记忆。他们津津乐道地揭示，书籍尽管遭到各种审查的迫害，最终还是得以穿过那张开的大网，这有时是好事，有时却可能是坏事。书写的普遍数字化和电子阅读器的使用给书籍带来极大挑战，本书对书籍的幸与不幸的揭示，有助于调和这些众所周知的变化。卡里埃尔和艾柯的对话在向古腾堡印刷术微笑致敬之余，也必然使所有读书人和爱书人心醉神迷。说不定它还将在那些拥有电子书的读者心中催生起怀旧的乡愁，这不无可能。

让－菲利浦·德·托纳克

让·菲利浦·德·托纳克（Jean-Philippe de Tonnac），评论家、记者，本书的对话主持人。曾著有一部勒内·杜马尔传记、多部有关科学、文化和宗教的对话集，以及一部论死亡与不朽的科学与信仰百科全书。

书就如勺子、斧头、轮子或剪刀，一经造出，就不可能有进一步改善。你不能把一把勺子做得更像勺子。书多方证明了自身，我们看不出还有什么比书更适于实现书的用途。也许书的组成部分将有所演变，也许书不再是纸质的书。但书终将是书。

1

书永远不死

电影和收音机，还有电视，丝毫没有取代书，除了那些书"毫无损失地"丢掉了的用途。

在某个特定时刻，人类发明了书写。我们可以把书写视为手的延伸，这样一来，书写就是近乎天然的。它是直接与身体相连的交流技术。你一旦发明了它，就不可能再放弃它。这就好比发明轮子一般。今天的轮子与史前的轮子一模一样。相比之下，我们的现代发明，电影、收音机、网络，都不是天然的。

让－克洛德·卡里埃尔（以下简称"卡里埃尔"） 2008年达沃斯世界经济论坛，有关未来十五年改变人类的诸种现象，某位未来学家在答问时指出，有四个现象在他看来确定无疑。首先，原油价格上涨至五百美金一桶。第二与水有关，水将在未来成为和原油一样的可交换商品，期货市场将出现水的牌价。第三个预言，是非洲必将在未来十年成为强大的经济力量，这也是我们所有人的期待。

根据这位专业预言家的分析，第四个现象，是书的消失。

问题在于，书的彻底消失——倘若它真的会消失——是否给人类带来诸如水资源匮乏或原油枯竭一样的后果。

安贝托·艾柯（以下简称"艾柯"） 书是否会因为网络出现而消失？我在当年写过文章，在这个话题显得很有必要谈一谈的时候。从那以后，每次有人要我发表观点，我能做的无非是重写一遍同样的文章。但没有人发现。原因首先在于，再也没有什么比已经发表过的东西更不为人所知；其次在于，公众舆论（至少是记者们）始终抱持着书必将消失的想法，要么就是这些记者以为他们的读者持有这个想法，每个人都在不停歇地表述着同一个问题。

事实上，有关这个话题，可以说的东西很少。网络使我们回到字母时代。倘若我们曾经自以为步入了图像文明，那么电脑又把我们引回古腾堡的体系，从此人人必须阅读。阅读需要一种载体。这种载体不可能仅仅是一台电脑。在电脑上花两个小时读一本小说，你的眼睛就会肿得像网球。我在家里有一副宝丽来眼镜，专门保护长时间盯着屏幕的眼睛。另外，电脑离不开电，我们不能在浴缸里用电脑读书，就连在床上侧躺着也没法用电脑。相比之下，书似乎是一种更灵活的工具。

要么书始终是阅读的载体，要么存在某种与书（甚至那些在印刷术发明以前的书）相似的东西，两者必有其一。五百多年来，对书这一阅读载体的各种变化，并没有改变书的用途或结构。书就如勺子、斧头、轮子或剪刀，一经造出，就不可能有进一步改善。你不能把一把勺子做得更像勺子。曾有设计师试图改善开瓶器，但收效甚微，大多数新的开瓶器根本开不了酒瓶。菲利普·斯塔尔克[1]曾经尝试在挤柠檬器上搞创新，但他的挤柠檬器（为了坚守某种纯粹的审美效果）没法过滤柠檬籽。书多方证明了自身，我们看不出还有什么比书更适于实现书的用途。也许书的组成部分将有所演变，也许书不再是纸质的书。但书终将是书。

卡里埃尔　最新的电子书似乎和印刷书形成了直接竞争。迄今已有一百六十种电子"阅读器"（Reader）。

艾柯　当然，一件诉讼案子的两万五千个折状若能存为电子文件，法官就能更方便地把它们带回家。在许多领域，电子书极大方便了使用。我只是一直怀疑：即便电子书在技术上最好地满足了各种阅读需求，用它来

1　菲利普·斯塔尔克（Philippe Starck, 1949— ），法国当代设计界泰斗，他的设计涉猎现代生活的方方面面，被称为 20 世纪"设计鬼才"。

读《战争与和平》就最合适吗？我们以后会知道的。无论如何，我们将会无法阅读印在木浆纸上的托尔斯泰和任何印在纸上的书，原因很简单：这些书已经开始在图书馆里腐坏。伽利玛和弗兰[1]在上世纪五十年代出版的大部分书均已消失。我当初写博士论文时大量参阅了吉尔森[2]的《中世纪哲学》，如今我甚至不能用手拿起这本书。纸页真的都碎了。我当然可以再买本新的，但我喜欢旧的这本，上面有我用各种颜色做的笔记，它们构成了我当年每一次阅读的历史。

让－菲利浦·德·托纳克（以下简称"托纳克"） 随着新的载体越来越好地满足人们随时随地阅读的需求和便利——不论是读百科全书还是在线小说——为什么不能想象人们将慢慢疏远传统形式的书这一载体？

艾柯 一切皆有可能发生。书在未来将只吸引一小

1　伽利玛（Gallimard）和弗兰（Vrin）是法国两大学术出版社。
2　吉尔森（Étienne Gilson，1884—1978），法国哲学家，历史学家，《中世纪哲学》（*La Philosophie au Moyen Age*）是他的代表作之一。

部分爱好者，他们会跑去博物馆和图书馆，满足自己对过去的趣味。

卡里埃尔 如果那时候还有书的话。

艾柯 不过，我们同样可以想象，互联网这个奇妙的发明也会在未来消失。正如飞艇从天空中消失一样。自从兴登堡号[1]在战前起火以来，飞艇就陷入绝境。协和飞机也是一样。2000 年，协和飞机在戈尼斯失事[2]，从此带来致命影响。然而这段历史多么奇妙！人们发明了一架飞机，从前穿越大西洋要八小时，现在只需三小时。当初有谁能想象这样的成就呢？可是，戈尼斯灾难之后，他们还是放弃了，认为协和飞机造价太昂贵。这个理由说得通吗？原子弹的造价同样极其昂贵！

1　兴登堡号（Hindenburg），1936 年 3 月德国齐柏林飞艇公司建造的飞艇（编号 LZ129），1937 年 5 月 6 日在一场灾难性大火中焚毁。

2　2000 年 7 月 25 日，一架协和飞机在巴黎起飞不久后在巴黎郊区戈尼斯（Gonesse）坠毁。

托纳克 我想援引赫尔曼·黑塞[1]在五十年代的一段话，他在提到科技进步必然带来书的"重新正当化"时说道："新的发明越是满足人们对娱乐和教育的需求，书也越将重获尊严与权威。我们尚未完全到达那一步——收音机、电影等具有竞争力的新发明，取代了印刷书籍的某些用途，而书恰恰可以毫无损失地舍弃这一部分用途。"

卡里埃尔 在这一点上，他讲得没错。电影和收音机，还有电视，丝毫没有取代书，除了那些书"毫无损失地"丢掉了的用途。

艾柯 在某个特定时刻，人类发明了书写。我们可以把书写视为手的延伸，这样一来，书写就是近乎天然的。它是直接与身体相连的交流技术。你一旦发明了它，就不可能再放弃它。刚才说过，这就好比发明轮子一般。今天的轮子与史前的轮子一模一样。相比之下，我们的现代发明，电影、收音机、网络，都不是天然的。

---

1 赫尔曼·黑塞 (Hermann Hesse, 1877—1962)，德语诗人、小说家和画家。

卡里埃尔　你[1]刚才强调的一点很有道理：人类从未像今天这般迫切地需要阅读和书写。不懂读写，就没法使用电脑。甚至读写的方式也比从前复杂，因为我们接收了新的符号、新的解码。我们的字母表得到扩充。学习读写越来越困难。倘若电脑可以直接转换我们说出的话，那我们必将回归口述时代。然而这带来另一个问题：不懂读和写，人能否表达自己？

艾柯　荷马会肯定地回答：能。[2]

卡里埃尔　但荷马属于一种口述的传统，他通过这个传统的载体获得他的认知——在那个时代，古希腊还不存在书写。我们能想象今天的作家不借助书写而口述自己的小说，并且对以往的文学一无所知吗？或许他的作

1　艾柯和卡里埃尔彼此尊称"您"（vous）。但译者以为，汉语的"您"比法语的 vous 更显谦敬和疏远，不适于本书的这种深入对话和精神交流，故全部译为"你"。特此说明。
2　《伊利亚特》和《奥德赛》为口述文学的典范，盲诗人荷马无须读写就流传下了不朽的诗篇。柏拉图在《斐德若》中讲述了书写的起源神话：发明书写的不是古希腊人，而是古埃及人。

品将充满天真、坦白和新奇的魅力。但我还是觉得，他会缺少我们差强人意地称为素养（culture）的东西。兰波是个天分非凡的年轻人，写下了无法摹仿的诗作。但是，兰波不是我们所说的才华天授者。他在十六岁就具备坚实的古典素养。他那时就会用拉丁文写诗了。

书写载体多种多样，石碑、长板、锦帛。
书写本身也多种多样。然而，我们感兴
趣的不仅是载体，更是这些残章断篇所
传达的信息，从某个我们几乎无法想象
的古代流传而来。

2

永久载体最暂时

想想 2006 年 7 月纽约那次电力大故障吧。假设范围扩大，时间延长。没有电，一切都会消失，无可弥补。反过来，当人类的一切视听遗产都消失了，我们还可以在白天读书，在夜里点根蜡烛继续。20 世纪让图像自己动起来，有自己的历史，并带有录音——只不过，我们的载体依然极不可靠。

托纳克 我们对书的持久性提问——我们这个时代的文化似乎选择了别的也许更有成效的工具。只是，如何看待那些本用于持久保存信息和个人记忆、如今却已被我们抛弃的载体，比如软盘、磁带、光盘驱动器？

卡里埃尔 1985 年，文化部长雅克·朗[1] 要我创办并领导一所新的电影电视学校，La Lémis[2]。我借此机会召集了雅克·伽乔[3] 等一批出色的技术人才，并领导这所学校十年之久，从 1985 年到 1996 年。十年间，我自然需要了解这个领域里的一切新鲜事物。

我们当时必须解决一个真正的难题，说来很简单，就是放电影给学生看。由于研究和分析的需要，必须能够随时控制一部电影的播放，快退、暂停、快进图像。

---

1 雅克·朗 (Jack Lang, 1939—)，法国政治家，曾任法国文化部长和教育部长。
2 La Lémis，法国高等国家影像与声音职业学院的简称，1986 年从创立于 1926 年的电影学校 IDHEC 改组而成，是一所享有世界声誉的公立高等电影教育机构。
3 雅克·伽乔 (Jack Gajos)，法国摄影师，电影制片人。

传统的拷贝做不到。当时我们有录像带，但损坏很快。用三四年就坏了。同一时期，巴黎录像馆[1]成立，目的是保存所有与首都有关的摄影和录像资料。当时给图像存档有两种选择，电子录像带和光盘，我们称之为"永久载体"。巴黎录像馆选择电子录像带，并在这个方向加以开发。别的地方则试验了软盘，那些发起者们竭力赞美它的好处。两三年后，加利福尼亚出产了光盘驱动器（CD-Rom）。我们终于找到了解决办法。许多地方先后进行了奇妙的演示。我还记得第一次看光盘播映，内容与埃及有关。我们惊诧万分，全然被征服。所有人都为这次革新而倾倒不已，它似乎解决了我们这些图像和档案专业人员长期以来遇到的所有难题。然而，制造这些奇迹般产品的美国工厂在七年前就关门了。

不过，移动电话和 iPods 等产品有能力不断拓展其成就。据说日本人已经用它们来创作和发表小说。网络

1　巴黎录像馆（Vidéothèque de Paris），创立于 1988 年。

变得可以移动，能够穿越空间。不久的将来还会有个人视频点播技术（Video On Demand）、可折叠屏幕和诸多其他的奇迹。谁知道呢？

我似乎在讲述一个漫长的过程，仿佛持续了好几个世纪。但这至多只有二十年。人们遗忘得很快。也许还会越来越快。我们说的无疑是一些平常的思考，但平常的东西是必备的行李。至少对于开始一次旅行是必备的。

艾柯 就在几年前，米尼[1]的《拉丁文教会圣师著作全集》（共二百二十一卷！）开始有光盘出售，我记得当时价格是五万美金。这样的价格只有大图书馆才买得起，穷学者们可不行（虽然中世纪文明研究者们当时都在快乐地拿磁盘盗刻）。如今只需简单的订阅，我们就可以在线查阅《教会圣师著作全集》。狄德罗的《百科全书》也一样，从前有罗贝尔版的光盘出售，如今我可以免费在网上找到。

---

1 米尼（Jacques Paul Migne，1800—1875），法国牧师，出版众多神学作品、百科全书和教会圣师著作，多为原文、译文双语形式。他出版的书籍价格便宜，传播广泛。《拉丁文教会圣师著作全集》(Patrologia Latina) 在 1844—1855 年间问世。

卡里埃尔 DVD 问世时，我们以为总算拥有了保存和共享图像的理想措施。在此之前，我一直没有建立个人的电影资料库。有了 DVD，我以为自己终于拥有了"永久载体"。但完全不是这样。现在又出现了极小的磁盘，可以像存电子书那样存入大量电影，但必须同时购买新的浏览器。那些美好的老 DVD 也不得不丢开，除非我们同时留下老式的播放器。

话说回来，这是我们这个时代的一种趋向：收藏技术竭力淘汰的东西。我有个比利时朋友是电影编剧，他在地下室放了十八台电脑，就为了可以看从前的影片！所有这一切都说明，没有什么比永久性载体更昙花一现。这些关于当代载体的惯性思考几乎都是老生常谈，却让我们这两个印刷初期珍本的爱好者会心一笑，不是吗？我专门为你从书架上找出这本 15 世纪末在巴黎印刷的拉丁文小书。看，在这本印刷术发明初期的书里，最后一页用法文写道："这部罗马风俗著作由巴黎新圣母街的书商让·波瓦特万于公元 1498 年 9 月印制。"其中 usage 采用旧拼法 usaige，日期写法[1]如今也废弃了，但我们还是可以轻松地辨读出来。我们还能读一本五个世纪以前印刷的书，却无法看一张只不过数年以前的电子录像带或老光盘。除非把旧电脑都留在地下室。

托纳克 必须强调，由于这些新载体的过时在不断加速，我们被迫重新调整我们工作、存储乃至思考的方式……

艾柯 这种加速造成记忆的删除。这无疑是人类文明面临的一个最棘手的问题。一方面，我们发明了各种保存记忆的工具，各种记录设备、各种传递知识的方法——当然，与过去时代相比这是极大的改善，那时人类只能借助记忆术，也就是记忆的技艺，因为他们需要的知识不可能像今天这样随手可得，人们唯有依靠自己的记忆。另一方面，撇开这些工具实际已带来问题的易损坏特点，我们还必须承认，在我们自己创造出来的文

1　指原文"1498 年"的写法：l'an mille quatre cent quatre-vingt-dix-huit。

化产品面前，我们并非总是公道。举个例子，漫画杰作的原稿由于极其罕见，如今昂贵到可怕的地步（阿列克谢·罗曼德[1]的一张原稿就价值连城）。那么为什么原稿如此罕见呢？原因很简单，当初刊登这些漫画的报纸一制好版就扔掉原稿。

托纳克　在发明书籍或磁盘等人工记忆以前，人们所使用的记忆术是怎样的呢？

卡里埃尔　亚历山大大帝有一次面临后果难以估量的重大决策。有人告诉他，有个女人能准确地预言未来。他把她叫来，让她传授这门技艺。她说要点一堆大火，在升起的烟中（就像在一本书里）辨读未来。但她提醒这位征服者，他在观察烟时，千万不能去想鳄鱼的左眼。万不得已他可以去想右眼，但绝对不能想左眼。

于是，亚历山大大帝放弃预知未来。为什么？因为，当有人不让你想某样东西，你就只能想它了。禁忌成就

1　阿列克谢·罗曼德（Alex Raymond, 1909—1956），美国漫画家，他的《飞侠哥顿》（*Flash Gordon*）是公认的漫画经典。

义务。我们不能不去想那只鳄鱼的左眼。那只占据你的记忆、你的精神的动物的眼。

有时候，记忆和无法遗忘也是问题（正如对亚历山大大帝那样），甚至是悲剧。有些人天生有能力依靠简单的记忆术秘诀记住一切，他们被称为记忆术专家。俄罗斯心理学家亚历山大·鲁利亚[1]做过这方面的研究。彼得·布鲁克[2]曾以他的一部著作为题材创作了《我是一个现象》。你向一个记忆术专家讲点什么，他是不可能忘记的。他就像一架完美而疯狂的机器，毫无分辨地记住一切。在这种情形下，这是缺陷，而不是优点。

艾柯　记忆术通常采取的方法，是利用某个城市或宫殿的图像，并让其中每一部分、每个地方与需要记忆的对象关联。西塞罗在《论演说》中讲过一个传说：西蒙尼得斯[3]去参加一场希腊显贵的夜宴，就在他离开大厅时，房子突然倒塌，压死所有宾客。有人找西蒙尼得斯

1　亚历山大·鲁利亚（Alexandre Luria，1902—1977），前苏联心理学家。
2　彼得·布鲁克（Peter Brook，1925—　），英国戏剧和电影导演，1970年代后常居法国。
3　西蒙尼得斯（Simonides，555 BC—466 BC），古希腊诗人。

辨认尸体。他做到了，成功地回忆起每个围坐在餐桌边的宾客的位置。

因此，记忆术就是把空间表象与对象或概念联系起来，使两者连为一体。在你的例子里，亚历山大大帝正因为把鳄鱼的左眼与他要观察的烟联系起来，才无法自由地行动。记忆术在中世纪还存在。不过，自从发明了印刷术，我们有理由认为，这些记忆术的运用在渐渐灭绝。然而，我们这个年代却出版了有关记忆术的最漂亮的书籍！

卡里埃尔　你讲到漫画杰作的原稿在发表之后被扔掉。电影也是一样。有多少电影就这样消失呵！直到20世纪二三十年代，电影才在欧洲成为"第七艺术"。自那以后，电影作品才作为艺术史的一部分得到保存。为此才产生了最初的电影资料馆，最早在苏俄，然后是法国。在美国，电影不是艺术，至今依然是一种可以循环使用的产品。必须不断重拍《佐罗》、《诺斯法拉图》[1]、《人猿泰

---

1 《诺斯法拉图》（*Nosferatu, eine Symphonie des Grauens*），德国电影，1922 年由茂瑙（F.W. Murnau，1888—1931）执导。诺斯法拉图是电影史上的第一个吸血鬼形象，这个题材一再得到重拍。

山》，不断处理老套路、老库存。老版电影还有可能与新版竞争，尤其是那些品质好的老版。美国电影资料馆直到七十年代才成立！那真是一场漫长而艰难的斗争，仅仅为了获得补助，为了让美国人对他们自己的电影史发生兴趣。世界上第一所电影学校同样成立于苏联。为此我们应该感谢爱森斯坦[1]。他认为必须建立电影学校，并且水平要等同于最好的绘画学校或建筑学校。

艾柯　在意大利，像加布里埃尔·邓南遮[2]这样的大诗人在 20 世纪初就在为电影写作。他参与创作了乔瓦尼·帕斯特洛纳的《卡比利亚》[3]的剧本。在美国不会把这当一回事。

卡里埃尔　更不用说电视。保存电视档案一开始显

1　爱森斯坦（Sergei Mikhailovich Eisenstein，1898—1948），前苏联导演、电影理论家，他是蒙太奇理论的奠基人之一，代表作有《战舰波将金号》（1925）等。
2　加布里埃尔·邓南遮（Gabriele d'Annunzio，1863—1938），意大利诗人、记者、小说家和戏剧家。
3　《卡比利亚》（Cabiria，1914），意大利早期史诗影片。

得荒谬。直到国家视听研究所[1]成立，专门用来保存各种视听档案，才根本改变了这种成见。

艾柯　1954年，我在电视台工作。我还记得，当时全是直播，没有磁带录制。当时有种东西，人称"转录机"（Transcriber），后来才发现英语电视里并不存在这个词。其实就是简单用一台摄像机拍下屏幕上播放的内容。不过，这种办法既枯燥又昂贵无比，人们必须做出选择。很多东西就这么消失了。

卡里埃尔　在这方面，我可以给你举个好例子。这简直就是"电视初期珍品"。1951或1952年，彼得·布鲁克为美国电视台执导《李尔王》，奥森·威尔斯主演。这辑节目就这么播放，没有录制，什么都没保存。但布鲁克的《李尔王》最终还是留下了拍录版。原来，有人在播放过程中拍下了电视屏幕里的影像。这份资料如今成为纽约电视博物馆最珍贵的馆藏品。这从许多方面让

1　国家视听研究所（Institut national de l'audiovisuel），简称 INA。

我想到书的历史。

艾柯 确实如此。藏书的观念由来已久。书没有电影这种遭遇。人类起初膜拜写过字的纸张，后来膜拜书籍，这和书写一样古远。古罗马人早就想拥有卷轴加以收藏。我们丢失书籍是出于别的原因，比如宗教审查，比如图书馆总是最先遭受火灾，就像教堂一样，因为两者都是木头建筑。在中世纪，一座教堂或一个图书馆被火烧了，那就仿佛在一部描绘太平洋战争的电影里看见飞机坠毁，再平常不过。《玫瑰之名》里的图书馆消失在火中，在当时绝不是异乎寻常的事件。

不过，书籍被烧的原因，同时也是促使人们着手妥善保管和收藏书籍的原因。修道院制度由此产生。很有可能，异邦人屡次入侵罗马，总在离开之前放火烧整个城市，于是人们考虑找个安全的处所存放书籍。还有什么比修道院更安全呢？火灾的沉重记忆让人们开始把一些书存放到避开这种威胁的地方。然而与此同时，在选择挽救这些书而不是那些书时，人们自然而然地开始了过滤。

卡里埃尔　人类膜拜稀有电影才刚刚开始。未来还会有剧本收藏者。从前，电影拍完以后，剧本就被扔掉，和你刚才说到的漫画一样。但自从四十年代起，有些人开始考虑剧本在电影拍完之后是否还具有一定的价值。至少是商业价值。

艾柯　我们现在知道，有人开始膜拜某些著名电影的剧本，比如《卡萨布兰卡》。

卡里埃尔　当然，尤其当剧本上还有导演的手写笔记。我曾带着近乎膜拜的心情看过弗里茨·朗[1]的剧本，上面有他本人的批注，那可真是收藏家的珍本。我还看过别的一些由电影迷细心装订成册的剧本。我想再谈谈刚才提到的一个问题。今天我们如何建立个人的电影资料库，应该选择哪种载体？我们不可能在家里收藏传统的银胶片拷贝，那需要一间放映室，一个专用的观影厅

1　弗里茨·朗（Fritz Lang，1890—1976），德国电影早期代表人物。

和大量储藏空间。录像带会掉色，清晰度会下降，很快就模糊了。CD 的时代已经过去了。DVD 也不会长久。何况刚才也说过，将来我们不一定有足够的能源去运行所有这些机器。想想 2006 年 7 月纽约那次电力大故障吧。假设范围扩大，时间延长。没有电，一切都会消失，无可弥补。反过来，当人类的一切视听遗产都消失了，我们还可以在白天读书，在夜里点根蜡烛继续。20 世纪让图像自己动起来，有自己的历史，并带有录音——只不过，我们的载体依然极不可靠。多么奇怪：我们的过去没有声音。当然，我们大可以想象鸟儿的歌唱、小溪的流水声一如既往……

艾柯　但人类的声音却非如此。我们在博物馆里发现，我们祖先的床很小：从前的人个头相对较小。这就必然意味着从前的人嗓音也相对较小。我每次听卡鲁索[1]的老唱片时总在想，他与当代几大男高音的声音差别，究竟仅仅出于录音和唱片的技术质量问题，还是 20 世纪

1　卡鲁索（Enrico Caruso，1873—1921），意大利男高音歌唱家。

初的人声确实有别于我们今天。在卡鲁索与帕瓦罗蒂的声音之间，有着几十年不断提高的蛋白质摄入量和医学发展。20世纪初移民美国的意大利人平均身高大约是一米六，如今他们的后代已是一米八。

卡里埃尔　我在电影学校教课时，有一次让学生练习重建某些声音，某种从前的音响氛围。我要求他们以布瓦洛[1]的讽刺诗《巴黎的困惑》为底本做原声配乐。我提醒他们：街面由木头砌成，马车轮子是铁做的，所有的房子都比较低矮，等等。

那首诗是这么开篇的："谁在震天哀号呵，上帝？"在17世纪的巴黎夜晚，哀号声会是什么样的？这种借助声音沉浸在过去的经验，还是挺令人着迷的，虽然也困难重重。我们如何去证实呢？

无论如何，20世纪的视听记忆若真的在一场电力大故障中消失，我们还总是有书。我们还总是有办法教孩子们阅读。我们知道，文化的沉沦或记忆的丧失是一种

1　布瓦洛（Nicolas Boileau，1636—1711），法国诗人。《巴黎的困惑》（*Les Embarras de Paris*）是他的诗集 *Satires et Epitres*（1664）的第六首。

古老的想法。无疑和书写一样古老。我再举个例子，与伊朗的历史有关。我们知道，波斯文明的发源地之一在今天的阿富汗。11、12 世纪起蒙古人进犯——蒙古人是一路烧杀抢空的，巴尔赫的知识分子和艺术家们带着最珍贵的手抄件开始流亡，其中就有未来的鲁米[1]的父亲。他们向西行进，去了土耳其。鲁米和许多伊朗流亡者一样生活并老死在孔亚。有个传说讲道，某个流亡者一路历尽艰辛，把随身带的珍本当枕头用。这些书如今可是价值不菲。我在德黑兰某个收藏者家里看到一些带彩绘的古代手抄本。那简直就是奇迹！所以说，一切伟大文明都面临同一个问题：如何对待一种受到威胁的文化？怎么挽救它？挽救什么？

艾柯 当人们着手挽救他们的文明，当人们还有时间妥善保存各种文化标记时，手稿、典籍、早期出版物和印刷书籍远比雕塑或绘画更容易保管。

1　鲁米（Mevlânâ Celâleddin Mehmed Rumi，1207—1273），伊斯兰教苏菲派灵知诗人，生活在 13 世纪的波斯，以波斯文、阿拉伯文和古希腊文写作。他在今土耳其境内的孔亚去世。

卡里埃尔　然而，我们还是面临一个难解的谜：古罗马时代的卷轴几乎全部佚失。古罗马贵族们可都拥有上万卷丰富藏书的图书馆。在梵蒂冈图书馆还能看到几卷，但绝大部分没有流传下来。现存最古老的福音书抄本残篇也在 4 世纪。我还记得在梵蒂冈图书馆亲眼目睹维吉尔[1]《农事诗》的一个手抄本，年代为 4 至 5 世纪。真是壮观呵！每页上方都绘有插画。但我有生以来还从未见过一卷完整的卷轴。在耶路撒冷的一个博物馆里，我曾见到最古老的抄本，也就是死海古卷[2]。这些经卷多亏了极其特殊的气候条件才得以保存下来。埃及莎草抄本也是如此，我想那也是最古老的书卷之一。

托纳克　你提到作为经卷载体的莎草纸。我们也许还应该谈谈那些更古老的载体，它们也以这样那样的方式进入书的历史……

1　维吉尔（Virgile，70 BC—19 BC），拉丁语诗人，著有《埃涅阿斯纪》等。
2　死海古卷，现存最古老的希伯来圣经抄本，含除《以斯帖记》外的旧约全部内容和一些次经、伪经，主要抄写在羊皮纸和莎草纸上。1947 年在死海附近发现，故称"死海古卷"。

卡里埃尔 当然。书写载体多种多样，石碑、长板、锦帛，等等。书写本身也多种多样。然而，我们感兴趣的不仅是载体，更是这些残章断篇所传达的信息，从某个我们几乎无法想象的古代流传而来。我想让你们看一幅图片，就在我今天早上刚收到的拍卖品目录里。这是佛陀的一个足印。[1] 让我们想象，佛陀在行走。他在传奇中前行。这里面的一个有形征象，就是他在足底留下印记。毫无疑问，这是最根本的印记。佛陀行走时，在地上印下这些标记，仿佛他的每个足印都是一次刻写。

艾柯 这简直就是好莱坞大道中国剧院前的手脚印，[2] 在更早的年代！

卡里埃尔 可以这么说。佛陀一边前行，一边说法。只需领悟他的足印。这个印记当然不是普通的印记。它

---

1 佛祖足底有"万字符"和法轮、三宝，乃至法螺贝、宝伞、妙莲、宝瓶、双鱼、吉祥结等佛教象征图案。佛足足印为佛教信徒膜拜的圣物，相传佛祖曾对弟子说："见到足印，如同见我。"

2 在好莱坞大道中国剧院门前的地上，布满了不同时期不同风格的著名影星的手印和脚印。

包含全部佛法，也就是一百零八条佛理，代表一切有生命与无生命的世界，是佛陀的圣道所在。

与此同时，我们还看到了浮屠塔、小寺庙、法轮，以及动物、树木、水、光、蛇神那伽和祭品。所有这一切全包含在佛陀足下的一个印记里。这是印刷之前的印刷。一次具有标志意义的印刷。

托纳克　有多少印记，就有多少启示要门徒们用心领悟。我们怎能不把书写的起源与圣书的形成相关联呢？各种重大的信仰运动，恰恰以这些依据我们无从了解的逻辑所建构而起的文献为基础。但这究竟是什么基础？佛陀的足印或"四"福音书，究竟有什么价值？为什么是四部福音书？又为什么是这四部？

卡里埃尔　为什么是四部福音书，虽然实际上存在着很多部？甚至在主教会议上集体选定四部福音书之后，还有别的福音书不断被找到。直到 20 世纪，我们才发现

永久载体最暂时

还有一部多马福音[1]，比马太、马可、路加和约翰福音还古老，内中全是耶稣说过的话。

今天的大多数专家都认为存在一部原始福音书，即Q福音书——也就是"福音来源"，Q取自德文单词Quelle——从路加、马太和约翰三部福音书的平行经文出发，有可能还原这部经书。原始福音书已完全佚失。但有些专家推测出它的存在，正在着手加以还原。

那么，什么是圣书？一阵迷雾，一个谜？佛教在这一方面略有不同。佛陀同样没有文字著述。然而，和耶稣不同的是，他在远远漫长得多的时光里说法。耶稣传道的时间至多两三年。佛陀虽无撰文，却至少说法三十五年。佛陀灭后，阿难[2]与众徒传诵佛的言语。《波罗奈布道》[3]是佛陀释迦牟尼首次说法的经文，包含著名

1　多马福音（*Evangile selon Thomas*），1945 年在埃及发现的手抄本，全卷只记录耶稣的言论，而不像四福音书那样提及耶稣的传道过程和受难复活的经历。多马福音的发现间接支持了"原始福音书"（又称"同观语录源"）的说法，一般认为是 20 世纪圣经学上的一大发现。

2　阿难（Ananda），释迦牟尼的十大弟子之一。阿难又被称作"多闻第一"，他伴随佛陀讲经说法，谨记佛的一言一语，在佛陀灭后王舍城第一次圣典结集会上，他背诵出了很多佛陀以住的说法。

3　波罗奈（Benares）是印度迦尸国的都城，即今日的瓦拉纳西（Varanasi）。相传释迦牟尼悟道成佛后，在该城西北的鹿野苑第一次说法收徒。

的"四圣谛"[1]，为佛教徒们熟记在心，用心抄录，也是各个佛教派别的要义基础。四圣谛抄录下来，仅只一页纸。佛教始于这一页纸。从阿难的传诵起，才诞生了千百万的经书。

托纳克 一页得到保存的纸。也许因为，别的纸页都已佚失。谁能知道呢？信仰赋予这一页纸超凡的意义。不过，佛陀的真实教诲也许就寄托在这些足印里，在如今消失或褪色的文献里？

卡里埃尔 也许我们可以把自己放在一个经典的戏剧性情境里：整个世界受到威胁，我们必须挽救某些文明产物加以妥善保存。比如，因为一场气候大灾难，人类文明遭遇灭绝的危险。必须赶快行动。我们不可能保护一切，带走一切。那么该如何选择？用什么载体？

艾柯 我们已经谈到，现代的载体形式很快就会过

---

1 四圣谛，含苦谛、集谛、灭谛、道谛，是佛教的根本要义。

时。为什么要冒险跟这些有可能变成空白、无法辨认的东西纠缠不休呢？我们刚才科学地证明了，书优越于文化产业近年来投入市场的任何产品。因此，倘若我必须挽救某些方便携带又能有效抵御时间侵害的东西，那么我选择书。

卡里埃尔 我们比较了或多或少适应忙碌生活的现代科技与从前书籍的制造和传播模式。我想举个例子，它证明书籍也有可能极其贴近历史运动，与时俱进。为了写《巴黎的夜》，雷斯蒂夫·德·拉·布雷东[1]在首都四处漫步，再记下他的见闻。但他真的是巴黎的见证人吗？评论家们对此颇有异议。雷斯蒂夫是个沉溺于幻想的人，他可以很容易地想象一个世界，再把这个世界当作真实加以描绘。比如，每回和一个妓女发生性关系，他都会发现，对方原来是自己的某个女儿。

《巴黎的夜》最后两卷写于大革命时期。雷斯蒂夫夜里写下他的故事，清晨在地下室里排版和印刷。由于在

---

1 雷斯蒂夫·德·拉·布雷东（Rétif de la Bretonne，1734—1806），法国作家，代表作有《尼古拉先生》、《巴黎的夜》等。

那个混乱的年代无法找到纸张，他就在散步的时候捡各种海报、传单，用滚水煮开，制成劣质的纸浆。最后两卷的纸质与前面几卷完全不能比。他的作品还有一个特点，采用缩写，因为他时间不够。比如，他用 Rev. 表示 Revolution（法国大革命）。这令人惊奇。书籍本身讲述了一个人的匆忙，他竭力记录下每个事件，保持和历史平行的速度。倘若书里描绘的事件不真实，那雷斯蒂夫就是一个天才的骗子。比如，他看到一个人，绰号"摸人"。此人很不起眼地走在围观断头台的人群中。每次一有人头落地，他就伸手去摸女人的屁股。

最早描写男同性恋的就是雷斯蒂夫，大革命时期还把这些人叫做"娘娘腔"。我想起了米洛斯·福尔曼[1]的一个发人深思的经典片段。有个死囚被车带到断头台。他的小狗跟着他。在上刑前，他转向围观的人群，问是否有人愿意照顾他的狗。他说，那小家伙非常讨人喜欢。他把它抱在怀里，想把它送出去。人群朝他辱骂不休。看守不耐烦了，从死囚的手里拽走那条狗。死囚立刻被

1　米洛斯·福尔曼（Miloš Forman，1932—　），捷克电影导演，代表作有《飞越疯人院》等。

处决。狗呻吟着在人头筐里添主人的血。看守被激怒，用刺刀刺死了狗。这时，众人群起抗议："刽子手！你们不羞愧吗？这条倒霉的狗对你们做了什么吗？"

我有点离题了。但在我看来，雷斯蒂夫的艰巨工作独一无二——他创作了一部报道文学，一部"直播"的书。让我们回到刚才的问题：当不幸来临时，我们要挽救哪些书？当家里起火时，你首先会抢救哪些著作？

艾柯 在讲了这么多书之后，我要说，我会先救出那个 250G 容量的移动硬盘，里面存有我三十多年来的写作文档。在此之后，如果还有可能，我会抢救一些古籍，不一定是最昂贵的，但却是我最喜欢的。但问题在于：如何选择？这里面有许多都是我珍爱的书。我不希望到那时犹疑不决，考虑太多。我也许会拿布雷登巴赫[1]1490年版的《圣地游记》，里面有好些出自彼得·德拉克[2]之手

---

1 布雷登巴赫（Bernhard von Breydenbach，1440—1497），德国作家，1483 年到耶路撒冷朝圣，1486 年出版了用拉丁文写作、带彩绘插画的《圣地游记》（*Peregrinatio in Terram Sanctam*）。

2 彼得·德拉克（Peter Drach），15 世纪德国画家。他在 1490—1495 年出版的画册含有三百一十三幅木刻画。

的折页木刻画，极为壮观。

卡里埃尔　我会拿阿尔弗雷德·雅里[1]的手稿、安德烈·布勒东[2]的手稿和刘易斯·卡罗尔[3]的一本书,内中附有他本人的信。奥克塔维奥·帕斯[4]有过惨痛的遭遇。他的书房被烧了。一大惨剧！你可以想象奥克塔维奥·帕斯的书房里都有些什么！超现实主义者们从世界各地寄来的亲笔题词的著作。在他生命的最后两年里，这是莫大的痛苦。

如果就电影问我同样的问题，我可不知如何回答。为什么？原因很简单，前面已说过，许多电影都没了。甚至我自己参与的一些电影也无可挽回地消失了。一旦胶片丢失，电影就不复存在。有时候，胶片也许还

1　阿尔弗雷德·雅里（Alfred Jarry，1873—1907），法国作家，现代戏剧怪才，代表作《愚比王》（*Ubu Roi*）。在下文中，艾柯还将提到愚比王，并借用他的"脏话"。
2　安德烈·布勒东（André Breton，1896—1966），法国作家、诗人，超现实主义运动创始人。
3　刘易斯·卡罗尔（Lewis Caroll，1832—1898），英国作家、数学家、逻辑学家，著有《爱丽丝梦游仙境》等。
4　奥克塔维奥·帕斯（Octavio Paz，1914—1998），墨西哥作家、诗人，1990 年诺贝尔文学奖得主。

永久载体最暂时

在某个地方，但要把它找出来太费劲，重新拷贝一份也极其昂贵。

在我看来，图像世界，尤其是电影，再好不过地说明了科技飞速发展所带来的问题。我们出生在这样一个世纪，人类有史以来第一次发明了各种新的语言。我们的对话若是在一百二十年以前进行，那么我们将只能谈戏剧和书籍。收音机、电影、录音、电视、电脑绘图和连环漫画等在当时并不存在。然而，每次新的科技产生，必会力证自己超越以往所有发明与生俱来的规则和限制。新科技期待自己睥睨一切，独一无二。好像它会自动带给新用户一种天然的能力，无需他们学习如何使用，随时就可以上手似的，好像那种天分是本来就有的，好像它随时准备着肃清以往的科技，把那些胆敢拒绝它的人变成过时的文盲。

我一生都见证着这样的勒索。实际情况恰恰相反。任何新科技的新语言，都需要漫长的接纳过程，我们的脑子越是被前一种科技语言格式化，这个过程也就越是漫长。1903—1905 年间出现了一种新的必须认知的电影语言，许多小说家以为可以从小说创作直接转入电影编剧。他们错了。他们不知道，这两种写作对象——小说和剧本——事实上运用着两种迥异的写作方式。

科技绝不是一种便利。它是一种强求。还有什么比为电台改编一场戏更复杂呢！

永久载体最暂时

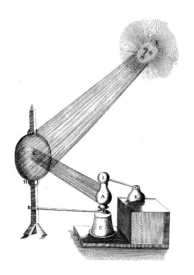

我们处于运动、变化、更新和转瞬即逝之中，矛盾的是，我们的时代却是一个越来越长寿的时代。

3

母鸡用一世纪学会不过街

科技更新的速度迫使我们以一种难以忍受的节奏不断重建我们的思维习惯。每两年必须更新一次电脑，因为这些机器就是这么设计生产出来的：过时到了一定期限，维修比直接替换更昂贵。每种新科技都要求人们更新思维模式，不断作出新的努力，而更新的周期也越来越短。母鸡可是花了将近一个世纪才学会不去过街。它们最终适应了新的街道交通状况。但我们没有那么多时间。

托纳克　回到技术突变的问题，它是否会造成我们疏远书籍？今天的文化载体，无疑比那些奇迹般历经时间考验的印刷初期珍本更为脆弱，更不持久。然而，无论我们是否愿意，这些新工具正在颠覆并使我们远离书籍所限定的思维习惯。

艾柯　事实上，科技更新的速度迫使我们以一种难以忍受的节奏不断重建我们的思维习惯。每两年必须更新一次电脑，因为这些机器就是这么设计生产出来的：过时到了一定期限，维修比直接替换更昂贵。每年必须更换一台车，因为新款车更有安全保障，有各种电子噱头，等等。每种新科技都要求人们更新思维模式，不断作出新的努力，而更新的周期也越来越短。母鸡可是花了将近一个世纪才学会不去过街。它们最终适应了新的街道交通状况。但我们没有那么多时间。

卡里埃尔　我们能否真正适应一种不断加快、快到没法解释的节奏？以电影剪辑为例。使用视频剪辑，我们的节奏已经快到不能再快。再快就什么也看不到了。我是想说明，一种技术如何孕育自己的语言，而这种语言又如何反过来强制技术的发展，这种情况总是越来越仓促地发生。在我们今天看见的美国动作大片（或号称美国动作大片的电影）里，任何镜头不能超过三秒钟。这已成为某种规则。一个人回家，开门，脱外套，上楼。什么事也没发生，没有任何潜在的危险，但整个场景分成十八个镜头！仿佛技术本身带上了动作，仿佛动作就在摄影机里，而不是摄影机所展现的内容里。

电影起初是一种简单的技术。人们架起一台摄影机，拍下一幕戏剧场景。演员上场，表演完毕，退场。但人们很快发现，把摄影机放在一个活动推车里，就能拍出并在屏幕上看到连贯的图像。摄影机可以支配、设计和再现一次运动。于是，摄影机就活动开了，一开始还很小心，只在摄影棚里，后来它渐渐成了一个角色，一会儿向右，一会儿向左，在此之后，还必须把这两个镜头剪在一起。这是一种通过剪辑实现的新语言的开始。布努埃尔[1]和电影诞生于同一年，1900 年。他告诉我，1907或 1908 年他在萨拉戈萨看电影，有个拿着长棍的"讲解员"（explicador），专门讲解屏幕上的情节。当时人们还不怎么理解这门新语言，还没有掌握它。从那以后，我们渐渐习惯了这门语言，但在今天，伟大的编剧们从未停止提炼它，完善它，甚至于——幸好是这样——"败坏"它。

我们知道，正如文学，电影也有一种有意识的华丽矫饰的"贵族语言"，一种通俗老套的语言，一种俚语。我们还知道，正如普鲁斯特谈起那些伟大的作家，每个伟大的电影艺术家也都在（至少部分地）创造属于他自己的语言。

艾柯 意大利政治家范范尼[2]同样出生于世纪初，也就是电影尚未普及的年代。有一次，他在采访中说，他

---

1 布努埃尔（Louis Buñuel，1900—1983），西班牙电影大师，卡里埃尔长期与之合作。
2 范范尼（Amintore Fanfani，1908—1999），意大利政治家，曾先后五次任意大利总理。

当时不常看电影，因为不明白，在反切镜头里看到的人物与前一秒钟正面看到的是同一个人。

卡里埃尔 事实上，必须特别小心，才不会让走进一个新的艺术表达领域的观众迷失方向。在一切古典戏剧里，故事情节在我们眼皮底下展开。莎士比亚或拉辛的一幕戏里没有任何剪辑。舞台上和观众厅的时间平行一致。戈达尔在《筋疲力尽》[1] 里拍摄两个人在一个房间里的一整场戏，而在剪辑时只保留了这个长镜头里的几个片段，我想他应该是最早这么做的人之一。

艾柯 在我看来，连环漫画在那之前就在思考如何人为地建构叙事时间了。我自己是漫画爱好者，收藏三十年代的连环漫画，却读不懂最近的漫画小说，所谓的先锋漫画。但我又不能蒙脸不看。我和七岁的孙子一起玩他喜欢的游戏，结果惨败，比分 10∶280。从前我可是电动弹球好手，有时间我也会在电脑上玩星际大战，

1　《筋疲力尽》(À Bout de Souffle, 1960)，戈达尔 (Jean-Luc Godard) 的成名作。

斩杀那些外太空的怪兽，成绩还不错。如今我是甘拜下风。只是，我的孙子就算再有天分，到二十岁时也不一定能了解那时最新的科技。有一些认知领域在不断发展，我们不可能假装自己长期掌握它。想要成为杰出的核武器专家，就得付出必要的努力，在几年时间里吸收所有的学科数据，保持在研究前沿。然后，你成为教师，或去经商。你在二十二岁是天才，无所不知。但到二十五岁，必须拱手相让。足球运动员也一样。到了一定年龄，只好做教练。

卡里埃尔　我曾去看望列维－施特劳斯。奥狄勒·雅各布出版社[1]建议我们两人做一本对话集。但列维－施特劳斯友好地拒绝了，他说："我不想重复讲那些我从前讲得更好的话。"多么美妙的清醒！即便从人类学的角度考虑，游戏总有一天会结束，你的游戏，我的游戏。列维－施特劳斯可是刚刚庆祝了他的百岁寿辰。

1　奥狄勒·雅各布出版社（Odile Jacob Publishing Corporation），法国出版社，由 Odile Jacob 本人创立于 1980 年代中期。

艾柯 出于同样的原因，我现在无法教书。我们虽然蛮不讲理地长寿，却不应忽视，认知世界在不断变革，我们所能完整领会的，无非是有限时空里的一点东西。

卡里埃尔 你怎么看待这种适应能力，也就是你孙子在七岁就能掌握我们费尽力气却无法搞懂的新语言？

艾柯 他就是个孩子，和同年龄的孩子没有不同。自两岁起，每天接触我们那个年代见不到的各种新奇事物。1983 年，我把第一台电脑带回家。我儿子正好二十岁。我给他看我的战利品，想向他解释如何操作。他告诉我他不感兴趣。于是，我就独自在角落里开始新玩具的探险。当然，我遇到了各种各样的问题（你还记得，当时用 DOS 系统，Basic 或 Pascal 编程语言，我们还没有改变人类生活的 Windows）。有一天，我儿子见我又有了麻烦，就走近电脑说："你不如这么做。"电脑马上运行了。

我想，他可能趁我不在的时候玩过电脑。这部分解释了我心里的困惑。然而，还有个问题：为什么我们两同时玩电脑，他却学得比我快？他已经具有电脑的天分。像你和我，我们已经习惯了一些特定动作，比如扭动钥匙启动汽车，扭动开关等。但如今只需轻击，或只是轻轻按一下。我儿子比我们有优势。

卡里埃尔 扭动还是轻击。这个观点很有启发性。我想到读书习惯，我们的眼睛从左看到右，从上看到下。若是阿拉伯文、波斯文或希伯来文，方向则相反，从右看到左。我在想，这两个动作是否影响了电影中的镜头推移。在西方电影里，大部分镜头的推移都是从左到右，而我常在伊朗电影（当然还有别的例子）里看到相反的情况。莫非阅读习惯掌控着视觉习惯，也就是眼睛本能的瞬息移动？

艾柯 那么还应该确定，西方国家的农夫耕田先从左到右，再从右回到左，而埃及或伊朗农夫则先从右到左，再从左回到右，因为耕田的轨迹正与牛耕式转行书写法[1]吻合。只不过前一种从左边先写起，后一种从右边先写起。我认为这个问题非常重要，却至今未引起足够重视。纳粹很可以利用这点立即辨认出一个犹太农夫。言归正传。我们刚才讲到变化和变化速度的加快。但我们也讲到，有些新技术从不改变，比如书。我们还可以加上自行车，甚至眼镜。不用说还有字母书写法。这些东西一开始就臻于完美，没有改进的可能。

卡里埃尔　如果你同意，我还想再谈一谈电影与其令人惊诧的原样性。你说网络把我们带回字母时代？我想说，一个多世纪以来，电影始终是一个矩形投射在一个平面上。它是一种不断完善的魔灯，语言得到进化，但形式保持原样。电影院的装备越来越齐全，以便放映 3-D 电影和环幕电影。但愿这不仅仅是一场闹哄哄的集会。

在电影的形式方面，我们是不是可以走得更远？电影究竟是新是老？我没有答案。我知道，文学是衰老的。

1　牛耕式转行书写法（boustrophédon），指一行从左写到右，一行从右写到左，逐行交替的书写法，与耕牛犁地的轨迹相似。这种书写法多见于古代的手稿和铭文。

大家都这么说。但也许，文学从根本上还不至于这般衰老……也许，我们最好不要在这里玩诺查丹玛斯[1]预言，免得很快穿帮。

艾柯 说到穿帮的预言，我在生活中还真得到一个很大的教训。六十年代我在一家出版社工作。我们找了一位美国社会学家的著作，他对年轻一代做了很有趣的分析，声称那一代年轻人将统一表现为白领、短发、毫不关心政治，等等。我们决定翻译他的著作，但译文很糟，我审稿花了六个多月。在这六个月里，我们经历了1967年伯克利骚乱[2]和1968年五月风暴[3]，这位社会学家的分析显得离奇脱节。最后，我把稿子丢进了垃圾桶。

卡里埃尔 我们自嘲地讲到永久载体，讲到我们的社

---

1 诺查丹玛斯（Nostradamus，1503—1566），犹太预言家，精通希伯来文和古希腊文。一般认为，他的诗集 *Les Propheties* 中预言了诸如法国大革命、飞机、原子弹等事件或发明。

2 1965年起美国社会出现种族骚乱，1967年在华盛顿、麦迪逊和伯克利等地发生街头战、爆炸和纵火事件。

3 五月风暴（Mai 68），1968年春天法国爆发学生运动（随后引发工人罢工），进而引起法国社会的深刻变动，并直接导致戴高乐一年以后公民投票失败并引退。

会不懂得持久地保存我们的记忆。不过，我想我们还需要持久的语言。世界经济论坛上的那位未来学家完全漠视迫在眉睫的金融危机，声称原油价格将飙升至五百美金，他凭什么有理？他的千里眼从何而来？莫非他专门修了个预言的文凭？原油价格上升至一百五十美金，又毫无理由地跌到五十几美金。它也许还会再涨，或者还会再跌。我们对此一无所知。未来不是一个专业。

无论真假，预言的本质在于谬误。我忘了谁这么说过："未来之所以是未来，就因为它永远始料未及。"未来的优点在于永远让人吃惊。我一直感到惊讶，从 20 世纪初直到五十年代末的伟大的科幻文学里，没有一个作者预想到塑料这种在我们实际生活中占有重要地位的材料。我们总是从自己当下的认知出发去展开想象，影射未来。 未来并不起源于已知。为此可以举上千个例子。六十年代我去墨西哥参与布努埃尔电影的编剧，和平常一样在一个偏僻的地方。我带了一台便携式小打字机，一卷黑红双色的纸带。倘若纸带不幸损坏，我绝对不可能在附近的小镇齐泰库阿鲁找到纸带替换。当时若有电脑该多么方便呀！但我们连想都没想过。

托纳克 我们向书致以的敬意仅仅为了说明，当代科技不足以剥夺书的声誉。我们也许还应该从某些方面说明，这些科技号称能够带来的进步只是相对的。让－克洛德，我尤其想到你刚才讲到的雷斯蒂夫的例子，他在清晨印刷自己夜里见证的事件。

卡里埃尔 这是不可否认的成就。巴西大收藏家何塞·曼德林[1]向我展示过一个葡萄牙文的《悲惨世界》珍本，1862年在里约热内卢印刷出版，也就是说和法国的初版同年。仅比巴黎版晚两个月！雨果还在写作的时候，他的出版商黑泽尔就把书分章寄给国外出版商。换言之，这部作品在当时已经接近今天多国多语种同步发行的畅销书。有时候，以历史的眼光看待我们所谓的技术成就还是有用的。在雨果的例子里，过去的效率高于今天。

---

[1] 何塞·曼德林（José Ephim Mindlin，1914—2010），巴西律师、商人，他是拉丁美洲最大的珍本收藏家，私人珍本收藏超过三万八千册。

艾柯 同样的，亚历山德罗·曼佐尼[1]在1827年出版《约婚夫妇》大获成功，这主要归功于世界各地的三十多种盗版，他本人从中没有赚到一分钱。他想跟都灵木刻版画家科南合作，出个插画版，由米兰出版商拉达利出版并分期分册发行。有个那布勒斯的出版商每星期盗版一次，曼佐尼的钱就这么给赔光了。这再次说明，我们的技术成就只能是相对的。还有很多别的例子。早在16世纪，罗伯特·弗拉德[2]一年要出版三到四本书。他住英国。书在阿姆斯特丹出版。他收到清样，修改，审核木刻插画，重新寄回……只是，他怎么做到的呢？这可都是些带插画的六百页的大部头！我们不得不相信，当时的邮政运作比今天畅通很多！伽利略与开普勒通信，与他同时代的所有学者通信。他总是能立即获知最新的发明。

不过，我们的对比似乎在偏袒过去，也许应该折中

---

1 亚历山德罗·曼佐尼（Alessandro Manzoni, 1785—1873），意大利作家，其作品《约婚夫妇》被称为意大利文学史上最优秀的长篇历史小说。
2 罗伯特·弗拉德（Robert Fludd, 1574—1637），英国生物学家、天文学家、神秘主义哲学家。他还被视为欧洲最后一位炼金术士。

一点。六十年代我当编辑时请人翻译索拉·普赖斯[1]的《小科学、大科学》。作者在书中引用数据证明，17世纪出版的科学著作正好是一个优秀科学工作者可能掌握的数量，而在我们今天，同一个科学工作者甚至不可能了解在他的研究领域里发表的所有论文的摘要。尽管拥有更有效的通讯方式，他也许不再拥有和罗伯特·弗拉德一样多的时间，以着手进行那么多的出版计划……

卡里埃尔 我们利用U盘或其他方式存资料带回家。这种做法并不新鲜。18世纪末的贵族们外出时，把旅行读物装进小箱子里带在身边，三四十册，全是小开本。他们与这些体面人物必须具备的知识形影不离。这些图书当然不能以千兆来计算，但原理一样。

为此，我想到一种很成问题的"缩写本"。七十年代，我住在纽约某电影制片人为我找来的公寓。公寓里没书，只有一架子"世界文学名著缩写本"（In Digest

---

1 索拉·普赖斯（Derek John de Solla Price，1922—1983），美国科学家。他是计量学的奠基人，情报科学创始人之一。《小科学，大科学》（*Little Science, Big Science*）是他的代表作之一。

Form)。这东西说来简直不可思议：《战争与和平》只有五十页，巴尔扎克全集只有一册。我看得惊魂难定。文学名著全在里头，却全都不完整，被删节了。如此荒诞的东西需要多大的工程呵！

艾柯　其实有各种各样的缩写本。1930—1940 年，我们在意大利有一种奇妙的阅读经历，叫"黄金比例"（La Scala d'Oro）。那是一套分成不同年龄层的图书。有七至八岁系列，八至九岁系列，一直到十四岁。整套书的插图精美，全出自当时最出色的艺术家之手。所有文学名著都收录在里头。为了适合特定的读者群，每部名著均由一位出色的童书作家重写。当然，这有点儿"皇太子专用"[1]的味道。比如，沙威[2]没有自杀，而只是辞职了。等我长大以后读了原版的《悲惨世界》，才总算揭开沙威的真相。不过，我得承认，我还是能够领略小说的精髓。

1　"皇太子专用"（*ad usum delphini*），指在蒙多齐埃公爵（duc de Montausier，1610—1690）的倡议下编撰的专为教导法皇路易十四之子的拉丁文和希腊文读本，文中的猥亵章节或不妥当内容均被删除。
2　沙威（Javert），雨果《悲惨世界》里的主要人物，警察局局长，毕生都在竭力追捕冉阿让。

卡里埃尔　唯一的差别是：那个电影制片人公寓里的缩写本是给成人看的。我甚至怀疑，这些书只是为了被展示、被看见，而不是为了被阅读。话说回来，删节的事无时不有。18世纪，德里伊神甫[1]最早把莎士比亚译成法文，每一剧的结局都被改得合乎道德教化，就像你那"黄金比例"丛书里的《悲惨世界》。比如说，哈姆雷特最后没有死。除了伏尔泰翻译的几个片段之外（译文相当不错），这个香甜温和的版本算是法国读者对莎士比亚的首次阅读。在当时，这个被评价为野蛮和血腥的作家，可是显得很风雅，简直像糖浆一样甜。

你知道伏尔泰怎么翻译"存在或不存在，这是问题所在"[2]吗？"必须选择，并立即经历／从生到死，或从存在到虚无"。还不错，总的说来。萨特的书名《存在与虚无》说不定是从伏尔泰的译文里借用的呢。

1　德里伊神甫（abbé Delille，1738—1813），原名 Jacques Delille，法国诗人、翻译家。
2　原文为英文"To be or not to be, that is the question"，哈姆雷特的名言。

托纳克　让－克洛德，你刚刚讲到，18世纪的文人贵族在旅行时随身携带那些藏书，就像最初的U盘。你是不是觉得，我们的大多数发明是在实现人类的古老梦想？

艾柯　自远古以来，飞翔的梦就萦绕着人类的集体想象。

卡里埃尔　我的确认为，我们这个时代的许多发明是在落实一些非常古老的梦想。我曾对两位科学家朋友让·奥杜兹和米歇尔·卡塞[1]说过同样的话，当时我们在准备《不可见的对话》。举个例子：我最近重读《埃涅阿斯纪》第六卷的著名篇章，埃涅阿斯到冥府寻找亡魂。[2]对于古罗马人而言，亡魂中既有从前活过的灵魂，也有将来会来到世上的灵魂。时间在这里被废止了。维吉尔

1　让·奥杜兹（Jean Audouze）和米歇尔·卡塞（Michel Cassé），均为法国天文物理学家。这里提到的著作《不可见的对话》（*Conversation sur l'invisible*）由 Belfond 出版社出版于 1998 年。

2　《埃涅阿斯纪》第六卷，女先知西比尔带埃涅阿斯下到冥府会见亡父。父亲的亡魂指点埃涅阿斯看他的后裔，即罗马国家的一系列缔造者。

笔下的亡魂的国度预言了爱因斯坦式的时空。我一边重读这个篇章，一边在想，维吉尔已经落入一个虚拟的世界、一台庞大的电脑的内部，各种虚拟化身簇拥在一起。在那个世界里，你遇到的每个人物，要么从前是某人，要么将来可能是某人。《埃涅阿斯纪》中的玛尔凯鲁斯[1]是个俊美超群的少年，为众人寄予厚望，但过早夭折了。玛尔凯鲁斯与维吉尔是同时代的人，当有人对这个少年说"你将会是玛尔凯鲁斯！"（Tu Marcellus eris），而读者都知道这个少年已经死去，[2] 我从中看到了虚拟世界的全部维度，看到了一个人的各种潜在可能。他原本可以永垂不朽，成为众人守望的那个上天安排的救世主，最终却只是一个夭折的年轻人玛尔凯鲁斯。

我们乐在其中的这个虚拟世界，维吉尔似乎老早就预见到了。游历冥府是个很好的主题，世界各地的文学对此做了不同的演绎。这是唯一的方式，让我们同时赢取空间和时间，深入死者或亡魂的国度，同时在过去与

1　玛尔凯鲁斯（Marcus Claudius Marcellus，42 BC—23 BC），奥古斯都大帝的侄子和继承人，早夭。
2　《埃涅阿斯纪》完成于公元前 19 年，那时玛尔凯鲁斯已死。

未来、存在与虚无之中旅行，并由此获得某种形式的虚拟的永生。

　　还有个例子我一直觉得很有意思。在《摩诃婆罗多》[1]中，有个叫甘陀利的王后怀孕却总生不出来。但她必须在其嫂之前分娩，因为最先出生的孩子是王。她命令一个强壮的女仆拿着根铁棍，使劲敲打她的肚子。于是，从她的阴道跳出一颗铁球，滚到地上。她想丢掉它，让它赶紧消失。但这时有人教她把球分成一百小块，把每一块装入一个瓶中。这人预言她将会有一百个儿子。事实也是如此。这难道不是一幅人工授精的场景吗？这些瓶子难道不是预示了今天的试管吗？

　　这样的例子还可以轻易地举下去。还是在《摩诃婆罗多》中，精子被保存、传送、再利用。还有圣母玛利亚，一天夜里在伽兰达为一个西班牙农夫换掉断腿：这已经是移植手术。此外还有无性繁殖，男性死后精子再

----

1 《摩诃婆罗多》(Mahabharate)，古印度两大梵文史诗之一，讲述了印度王国的婆罗多王后裔的故事 (Mahabharate 是天城文，即"伟大的婆罗多王后裔")，其中的《薄伽梵歌》是印度教典籍。1989 年彼得·布鲁克执导了同名电视剧。甘陀利王后果然生下了一百个儿子，后来全部在俱卢之野会战中丧生。

生，以及传说中羊头、蛇尾、狮爪的怪兽[1]——本以为已消失在远方的云端，今天却现身于实验室的幻想之中？

艾柯 《摩诃婆罗多》的作者们并没有预见未来。只不过当下实现了从前人类的梦想。你讲得完全正确。比如，我们仿佛正在把青春之泉[2]变成现实。人类越来越长寿，并且能够做到当生命结束时看上去依然状态不错。

卡里埃尔 五十年以后，我们都将成为仿生人。比如说，安贝托，我现在就是用人造的眼睛看着你。三年前我因为白内障动过一次晶体手术，我生平第一次用不着戴眼镜。手术结果可以保障五十年！如今，我的眼睛好得像中了魔法，但有个膝盖又不听话了。还有一次补形手术等着我。至少一次。

1　古希腊神话中的怪兽客迈拉（Chimère），一般说法与此处略有不同："狮头、羊身、蛇尾"，最早见于荷马的《伊利亚特》（卷6，行181—182）和赫西奥德的《神谱》（行321—323）："它头部是狮，尾巴是蛇，腰身是羊。"

2　青春之泉（La fontaine de Jouvence），传说中的生命之泉，是永生的象征之一。有人认为青春之泉的典故出自《圣经·创世记》中的伊甸园（2∶10—14）。

托纳克　未来不可预见。当下进入了某种持续的变化之中。而从前已经退避，原本它还被视作参照和慰藉。我们是不是该谈谈非持久性？

卡里埃尔　未来与过去无关，也同样与当下无关。飞机制造者们正在造的飞机预计二十年后完工，但煤油作为设计使用的燃料可能到那时已不存在。真正令我震惊的，在于当下的完全消失。我们从未如此着魔于仿古风尚。过去在全速追赶着我们，很快我们就要服从前一季度的时尚。未来永远不确定，当下却渐渐在缩短和退避。

艾柯　说到追赶我们的过去，我在电脑上装了电台软件，收藏了世界各地最好的音乐频道，包括四十多个怀旧音乐频道[1]。除了几个美国怀旧电台推出 1920 和 1930 年代的节目，其他所有电台都主打 1990 年代，这已经被

1　怀旧音乐频道（Oldies），指那些专门播放怀旧音乐作品的电台频道。这个英文词最早在八十年代出现。

视为很早以前。最近有个民意调查把昆汀·塔伦蒂诺[1]评为史上最优秀的导演。接受访问的人们显然没有想到爱森斯坦、福特[2]、威尔斯[3]或卡普拉[4]等人。这类民意调查的缺陷就在于此。七十年代，我写过一本关于如何做大学论文的书，这本书被翻译成多种语言。[5]我在书中给出了各种建议，其中第一个建议就是永远不要选择当代课题。否则参考书目要么不全，要么根本靠不住。我建议他们总是选择一个古典课题。然而，如今大多数论文都在研究当代问题。我收到过无数研究我的作品的博士论文！真是疯狂！一篇博士论文怎么能以一个还活着的家伙为题目呢？

1　昆汀·塔伦蒂诺（Quentin Tarantino，1963— ），美国当代导演，代表作品有《低俗小说》、《杀死比尔》等。

2　约翰·福特（John Ford，1894—1973），美国导演，作品以体现勇敢开拓的美国精神著称，曾获四次奥斯卡最佳导演奖，至今保持得奖最多的纪录。

3　奥森·威尔斯（Orson Welles，1915—1985），美国导演、编剧和演员，代表作有《公民凯恩》等。

4　卡普拉（Frank Russell Capra，1897—1991），意大利裔美国导演，曾获三次奥斯卡最佳导演奖，仅次于约翰·福特。他被称为"好莱坞最伟大的意大利人"，是实现所谓"美国梦"的典范之一。

5　包括汉语，参见《大学生如何写博士论文》（华龄出版社，2003 年）。

卡里埃尔　如果说我们的记忆过于短暂，那恰恰因为，这刚刚消逝的过去在催促、驱赶、打乱现在，朝向一个化身为巨大问号的未来。也许已经是感叹号了。现在去了哪里？我们正在活着的这个美妙瞬间，却被不计其数的密谋者试图从我们身上夺走。有时候，在乡下，我一边听着教堂的钟声一边度过那些时刻。教堂的钟在每个小时安静地敲响一声"拉"，那声响让我们回归自己。"呀，现在才五点……"我和你一样经常旅行，迷失在时间的走廊里，在时差之中，越来越需要与这个不可企及的现在重建联系。否则，我会以为自己迷了路，甚至已经死去。

艾柯　你所说的现在的消失，不仅因为从前持续三十年的时尚如今只持续三天。这同样与我们讲到的事物的过时有关。从前，你花几个月时间学骑自行车，一旦学会，这就成了一件终生有效的家当。如今，你花两星期学用一个新的电脑程序，等你渐渐能操作时，更新的程序又出现了，强制一般。因此，这里的问题不是集体记忆的丧失。在我看来，这更像是现在的不稳定。我们不再活在一个平和的现在之中，我们只是没完没了地为未来努力做准备。

卡里埃尔　我们处于运动、变化、更新和转瞬即逝之中，矛盾的是，正如刚才所说的，我们的时代却是一个越来越长寿的时代。我们的祖父母的一生显然要比我们的短暂，但他们始终处于恒久的现在之中。我叔叔的祖父从前是个乡下业主，他在每年的1月1日为来年理账。前一年的账目基本预示了下一年的状况。什么也没有改变。

艾柯　从前我们准备"终考"，它为某个漫长的学习阶段画上句号：在意大利叫"成年考"，在德国叫"高考"（Abitur），在法国叫"毕业会考"。在此之后，除了那些上大学的精英们，人们再也不需要学习。那时的世界不会改变。你学到的东西可以使用一辈子，甚至还可以教给你的孩子们。人们到了十八或二十岁就在认知层面上进入退休状态。在我们今天，一个公司职员为了避免丢掉工作，必须没完没了地更新知识。这些重大毕业考试所具有的成年仪式的象征意义，如今荡然无存。

卡里埃尔 你所说的情况同样适用于医生。从前他们毕业时带着的家当可以用到职业生涯结束。你说人人被迫进行无休止的学习，这也同样适用于那些所谓的"退休者"。如今有多少老年人被迫学电脑呵？他们当年工作时显然不可能具备这种知识。我们被判处为永恒的学徒，正如《樱桃园》中的特洛非莫夫[1]。归根到底，这也许是好事。在我们称作原始的那个没有变化的世界里，老人们掌权，因为是他们把知识传授给后代。当世界进入永恒的运动之中时，孩子们反过来教会父母使用电子产品。而他们的后代又将教给他们什么呢？

---

1 特洛非莫夫 (Trofimov)，契诃夫最后一部作品《樱桃园》中的穷学生。

一种文化若不懂得过滤过去几个世纪的遗产，就会让人想到博尔赫斯在《博闻强记的福内斯》中的人物福内斯，那个能记住一切的记忆专家。这恰恰与文化背道而驰。文化是所有从此消失的书和其他物件的墓园。

4

说出滑铁卢所有参战者的姓名

一位历史学家也许可以查出滑铁卢战役所有参战者的姓名，但中学和大学不会教这些，因为这样的细节没有必要，甚至可能很危险。

知识塞满我们的脑袋，却不总是有用。认识则是把一种知识转化为生活经验。也许我们可以把不断更新知识这个任务交给机器，而把精力集中在认识之上。我们只剩下智慧——多么轻松！

托纳克　你们刚才提到，如今很难找到可靠的工具来保存人们必须保存的东西。只是，记忆不就是用来保存一切的吗？

艾柯　当然不是。记忆具有双重用途——无论个人记忆，还是集体记忆（即文化）——一是保存某些数据，二是让那些没用并有可能充塞我们脑袋的信息沉于遗忘。一种文化若不懂得过滤过去几个世纪的遗产，就会让人想到博尔赫斯在《博闻强记的福内斯》[1]中的人物福内斯，那个能记住一切的记忆专家。这恰恰与文化背道而驰。文化是所有从此消失的书和其他物件的墓园。心照不宣地放弃（也就是过滤）某些历史遗迹，同时把另一些文化元素保留在未来的冰柜里，有关这种现象的研究如今已经展开。档案馆和图书馆就如一些冰冷的屋子，我们把记忆储存在里面，以免文化空间充斥着所有这些杂物，

1　《博闻强记的福内斯》（*Funes el memorioso*），博尔赫斯短篇小说，收入小说集《杜撰集》（*Ficciones*，1944）。

同时又不至于彻底放弃这些记忆。在未来，只要愿意，我们总是可以再把它们找回来。

一位历史学家也许可以查出滑铁卢战役所有参战者的姓名，但中学和大学不会教这些，因为这样的细节没有必要，甚至可能很危险。我再举个例子。我们知道恺撒最后一任妻子卡尔普尼娅[1]的许多事情，直到3月15日那个谋杀的日子，就在那天，她还力劝恺撒不要去元老院，因为她在前夜做了一个和他有关的噩梦。

恺撒死后，我们对她一无所知。她从我们的记忆里彻底消失。为什么？她的信息不再有用。这并不是因为她是女人，尽管也许有人会这么怀疑。克拉拉·舒曼[2]也是女人，但我们知道她在罗伯特·舒曼去世以后的一切

1　卡尔普尼娅(Calpurnia Pisonis)，公元前60年(也有史料记载为前59年)与恺撒结婚。公元前44年3月15日，恺撒在元老院被马可斯·布鲁图斯等元老刺杀。传说卡尔普尼娅前一天夜里做了一个梦，梦中元老院为恺撒建的高塔倒了。恺撒死后，卡尔普尼娅再也没有出现于历史文献中。

2　克拉拉·舒曼 (Clara Schumann, 1819—1896)，二十一岁嫁给罗伯特·舒曼，三十七岁时丈夫逝世。她和勃拉姆斯的友谊成为音乐史上的佳话。克拉拉本人也是出色的音乐家。

事情。文化就是这样一种选择。相反，当今的文化借由网络为我们提供这个星球上的所有卡尔普尼娅的细节，以至于倘若有个小孩子为了做功课在网上搜索，他会以为卡尔普尼娅和恺撒一样重要。

卡里埃尔　只是，我们如何为我们的后代做出选择？如何预知他们将会感兴趣的东西，那些对他们来说不可或缺、或者仅仅只是有用、觉得有趣的东西？既然正如你所说的，我们通过电脑的迂回方式，毫无次序、毫无等级分类、毫无选择地获得这一切，那么如何加以过滤？换言之，我们知道这种记忆就是一个自觉或不自觉的选择、偏好、比较、筛选的过程，那么如何在这样的条件下建立我们的记忆？我们同时还知道，我们的后代的记忆注定具有不同于我们的特点。一个克隆人的记忆将是怎样的？

我受过历史学研究的训练，深深知道我们该在多大程度上怀疑那些所谓的提供历史事件确切信息的资料。我可以通过一个私人的故事来说明这个问题。我太太纳阿勒的父亲塔贾杜德是位伊朗学者，他曾研究过一个生活在 10 世纪的巴格达的书籍装订师，阿尔纳底姆（Al-

Nadim）。你知道，伊朗人发明了装订术。装订术通过完整地包装作品来保护作品。

这个装订师同时也是书法家，受过良好的教育，他对自己正在装订的书很感兴趣，乃至替每本书都作了摘要。他所装订的书如今大都已佚失，我们只能看到装订师留下的摘要名录，标题是《书目》（*Al-Fihrist*）。塔贾杜德提出如下问题：通过这一个人的过滤，也就是这位装订师的宝贵工作，我们能否真正了解他拿在手中的那些书，因为我们只是通过他才知道这些书的存在？

艾柯　多亏了相关的文字说明，我们才得以知道某些古代雕塑和绘画。这些文字说明被称为"图说"（Ekphrasis）。在米开朗基罗时代，人们在罗马发掘出泛希腊时代的一组群雕，正是依靠老普林尼的记载才确认为拉奥孔群雕[1]。

1　拉奥孔群雕，1506 年在罗马出土，现藏于梵蒂冈美术馆。据古罗马作家老普尼林（Gaius Plinius Secundus, 23—79）在《自然史》中的记载，这组群雕由公元前 1 世纪罗得岛的阿格桑德罗斯及其两个儿子创作而成。

卡里埃尔　但是，如果说我们今天在电子终端上拥有一切的一切，毫无过滤、无限数量的可取资料，那么记忆是什么呢？这个词的意义何在？既然我们身边有了这么个电子仆人，能够回答我们的全部问题，乃至我们提不出来的问题，我们还需知道什么呢？既然我们的仿生体知道一切，绝对的一切，我们还需学习什么呢？

艾柯　综合的技艺。

卡里埃尔　是的。还有学习本身。因为学习是学来的。

艾柯　对，学习掌控那些无法核实的信息。这显然是教师们面临的难题。为了完成作业，中学生和大学生在网上搜索必需的信息，但不知道这些信息是否准确。他们又如何能知道呢？我要给教师们提个建议。他们可以给学生布置作业，要求他们就某个主题找出十条来源不同的信息，并加以比较。这是在练习面对网络采取批判的态度，并且不要为了现成的便利来接受一切。

卡里埃尔 过滤的问题也意味着，我们必须决定我们应该阅读哪些东西。报上每周给出十五部"不能错过的"杰作，而这种情况发生在各个创造领域中。

艾柯 在这个问题上，我形成了某种"十选一"[1]的理论。只需在十本书中读一本。至于其他的书，你只要浏览一下它们的参考文献和附注，就能立刻看出它们是否可靠。倘若有部著作真的有趣，你也没有必要读它，因为，它肯定会在别的著作里得到解释、援引和批评，当然也包括你决定要读的那。何况你若是大学教员，就会收到大堆出版前的印刷品，其数量之多让你不再有时间在出版后重读一遍。无论如何，等你把书拿到手上时，内容往往已经过时。更不用说那些被意大利人称为"煮熟吃完"的应景书籍，只会让人毫无意义地浪费时间。

卡里埃尔 五十或五十五年以前我还是历史系学生的时候，我们在做某个命题研究时都会收到一份必要的年

---

1 "十选一"（Décimation），源自古罗马"十人中抽杀一人"的刑罚。

表，这大大缓解了记忆负担。我们不需要记住那些与眼下的功课不相干的日期。如果借助在网上搜索到的信息进行这个练习，我们在逻辑上必须核实这些信息的可靠性。网络工具让我们方便地找到一切信息，真实的和不那么真实的，但事实上也让我们陷入某种极端的困惑之中。我想，有关安贝托·艾柯的网上信息一定充满谬误，至少充满不确定性。未来我们是否需要有个专门负责核实信息的秘书？我们是否会创造出一种全新的职业？

艾柯　但是，一个核实员的工作不会那么简单。你和我，我们可以核实和我们自己有关的信息。但是，谁能胜任核实涉及克莱蒙梭[1]或布朗勒[2]的全部信息这个工作呢？谁来付这份薪水呢？不是法国政府，否则它就得调遣出核实法国历史上一切官方人士资料的人员。

卡里埃尔　我想，从某种方式而言，我们对这些核实

---

1 克莱蒙梭（Georges Benjamin Clemenceau, 1841—1929），法国政治家，科学家，1906—1909 年任法国总理。
2 布朗勒（Georges Boulanger, 1837—1891），法国将军，政治家。

员的需求将越来越高。这个职业将越来越普及。

艾柯　但是，谁来核实核实员呢？从前，核实员是一些主要文学机构、科学院或大学的成员。当某某研究院的某先生[1]出版克莱蒙梭或柏拉图研究著作时，我们应该相信，他提供的资料确切可靠，因为他一生都在图书馆里核实这些信息来源。然而今天，某先生很有可能从网络获取资料，一切都变得不可靠。说实话，这一切早在网络之前就已存在。个人记忆和集体记忆都不是过往事件的真实写照，而是重构。

卡里埃尔　你和我一样知道，国家主义的约束在何种程度上歪曲了我们对某些事件的看法。直至今日，历史学家们还常常屈服于本国公开或隐秘的意识形态……阿塔蒂尔克[2]命人改写土耳其历史，声称早在罗马时代，土

1　此处为艾柯的随口杜撰：Monsieur Untel de l'Institut de Machin。Untel指"某某"，Machin原意是"玩意儿"。

2　穆斯塔法·凯末尔·阿塔蒂尔克（Mustafa Kemal Atatürk，1881—1938），土耳其国父。1934年11月24日，土耳其国赐姓他 Atatürk，即"土耳其人之父"之意。

耳其人在罗马人入侵以前就在土耳其生活了几个世纪。诸如此类的事情处处都有……我们即便想核实，又上哪里核实呢？我们一般认为，土耳其人事实上来自中亚细亚，而现今土耳其的最早居民没有留下任何书写遗迹。怎么办？

艾柯　地理方面也存在同样的问题。长久以来，在帝国主义意识形态下，非洲的疆域被严重缩小，我们正确划分非洲还是不久以前的事。

卡里埃尔　我最近去了保加利亚的索非亚，住在一家不认识的酒店，名叫"塞迪卡圆形剧场"（Arena di Serdica）[1]。一进门，我就意识到酒店建在一座废墟之上，透过巨大的玻璃可以看见废墟。我询问酒店里的人。他们解释说，在那个地方原先有一座罗马圆形剧场。多么奇妙！我原来不知道罗马人在索非亚建过圆形剧场，据说这座剧场的直径只比罗马剧场小十米，换言之，剧场

1　"塞迪卡"（Serdica）是索非亚的旧称。

相当大。在圆形剧场的外墙上，考古学家们发掘出一些雕像，原本用来宣传剧场里上演的节目。我们可以在这些雕像中看到舞者、角斗士等，还有我从未见过的狮子斗鳄鱼的场景。就在索非亚！

几年前，色雷斯宝藏的发现就颠覆了我对索非亚的记忆，那次发现把这片土地抛回古远的历史，比希腊还古远。如今我对索非亚的记忆再次被深深打乱。为什么在索非亚有如此大型的剧场？人们告诉我，因为那里有罗马人非常喜欢的温泉。于是，我想起来了，可怜的奥维德[1]忍受流亡生活的地方离索非亚不远。于是，在我心目中具有无可争议的斯拉夫风格的保加利亚成了罗马帝国的殖民地！

历史不停地让我们吃惊，比现在更甚，也许比未来更甚。在结束这个保加利亚突然被罗马化的例子之前，我想向你援引巴伐利亚喜剧家卡尔·华伦廷[2]的话："在

1　奥维德（Publius Ovidius Naso, 43 BC— 17 AD），古罗马诗人，他因"一首诗（一般认为是《爱的艺术》）和一个错误"而被屋大维流放到黑海附近的托米斯，即今天的罗马尼亚，因此有离保加利亚不远之说。

2　卡尔·华伦廷（Karl Valentin, 1882—1948），巴伐利亚艺术家，因上个世纪二十年代一系列默片中的表演而被誉为"德国的卓别林"。

从前，未来也更加美好。"他还说过另一句充满智慧的感言："一切都已被说出来，但不是被所有人。"

无论如何，我们进入这样一个历史阶段，我们可以指派智能机器——从我们的角度而言是智能的机器——替我们记住所有好的和坏的事情。米歇尔·塞尔[1]在《教育世界》杂志的一期访谈中也提到这个问题。他指出，倘若不再需要付出记忆的努力，"我们只剩下智慧"。

艾柯　当然，在计算器比人可靠的时代里，背诵乘法表似乎没有多大意义。不过，还存在"锻炼"我们的能力的问题。开车显然比走路快得多。但是，每天还是要走走路，跑跑步，以免变成一株植物。你肯定知道那个美妙的科幻故事，在未来世纪的某个社会里，机器人代替人类思考，五角大楼发现有人还能熟记乘法表。于是，在全世界陷入全面电力故障的那一天，军方将他视为战争时期极其宝贵的天才。

还有第二个目的。在某些情况下，熟记一些事情会

1　米歇尔·赛尔（Michel Serres, 1930— ），法国哲学家、作家，索邦大
　学教授。出版过四十余部著作，内容广泛涉及哲学、科学、文学、历史。

让人具备某种优良的智识能力。我很同意，文化不在于能不能准确说出拿破仑逝世的日期。然而，毫无疑问，任何我们自己知道的东西，包括拿破仑死于 1821 年 5 月 5 日，都会带给我们某种知识的自觉性。

这个问题并不新颖。印刷术的发明已经提供一种可能性，就是把人们不愿充塞于脑中的文化保存起来，保存在"冰柜"里，在书中，我们知道在临时需要时从哪里能找到信息。因此，人类的部分记忆就寄存在书中，在这些机器里，但还必须知道如何从自己的工具里抽取最好的部分，也就是如何管理自己的记忆。

卡里埃尔 但是，有一点不容置疑，为了使用这些极其复杂的工具，这些如我们所见在加速过时的工具，我们必须不停地学习新用法和新语言，并记住它们。我们强烈地需要我们的记忆力，也许还是前所未有地需要。

艾柯 当然。自 1983 年第一代电脑问世以来，若不是持续地更新计算机应用知识，从软盘到小格式盘，再到硬盘和如今的 U 盘，我们的一部分甚至全部数据资料很可能已经丢失了好几回。因为如今的电脑已无法读取那些属于计算机史前阶段的第一代磁盘。1984 或 1985 年，我本来是将《傅科摆》[1]的初稿保存在一张盘里的，如今拼命去找，始终也没找到。当初我若是把这部小说输入电脑，稿子就还会在那里。

卡里埃尔　有些东西也许不会消失，那是我们在人生不同阶段所感受到并加以保存的记忆。有关感知、情绪的珍贵记忆，偶尔还是虚假的记忆。情感的记忆。谁会卸除我们的这些记忆呢？那样做又有什么意义？

艾柯　这种生物记忆必须日复一日加以练习。如果记忆像一张软盘，人到五十岁就会得阿尔茨海默症。远离阿尔茨海默症或其他各种老年痴呆的方法，就在于持续不断地学习，比如每天早起背一首诗，做各种智力练习，甚至字谜或者变位构词游戏。我们这一代人在中学还必须背诵诗歌。但接下来的几代人越来越少这么做。

1　《傅科摆》(*Il pendolo di Foucault*)，艾柯 1988 年发表的小说。

熟记的过程其实就是在训练记忆力和智力。今天，我们在某种意义上已经不是非得这么做不可，但我们恰恰要强迫自己进行这种日常练习，否则就有过早患老年痴呆症的危险。

卡里埃尔 请允许我区分你所说内容中的两种细微差别。在某种意义上，记忆力确如肌肉一般可以锻炼，想象力无疑也是如此。倒不是我们想变成你刚才提到的博尔赫斯的福内斯：一个记住一切、因而也就丧失了遗忘这一美妙天赋的人。问题在于，戏剧演员背诵的文本大概比任何人都多。但是，尽管从事这种工作，尽管一生都在做这样的练习，还是有许多戏剧演员患上阿尔茨海默症。我常常自问个中缘由。在依附于电脑存储的人工记忆看似永无止境的发展与阿尔茨海默症的发展之间，存在着某种巧合。仿佛机器踩在人类之上，让我们的记忆变得无用而混乱。我对此大感吃惊，想来你也一样。这实在惊人，有些可怕，不是吗？

艾柯 当然，要区分物质载体本身和它的功能。走路让我的腿获得练习，但我有可能把腿摔断，不能走路。人脑也是一样道理。倘若人的脑袋患上某种形式的体质退化，每天背诵拉辛的十行诗显然不够。我的朋友乔治·普罗迪[1]是罗马诺·普罗迪的哥哥，他是著名的癌症研究专家，但本人却死于癌症。当然他对这个话题无所不知。他曾说过："倘若未来人类都活到一百岁，那么我们中的大部分人都会死于癌症。"人的寿命越是延长，人的身体越是容易出毛病。我想说，阿尔茨海默症很有可能只是缘于人类越来越长寿这个事实。

卡里埃尔 反对，法官大人。我最近在一本医学杂志上读到一篇文章，文中指出阿尔茨海默症患者在年轻化。今天四十五岁的人也有可能得这种病。

艾柯 好呀。那我再也不背诗了，每天再喝上两瓶威士忌。多谢你给我希望。套用愚比王的话："狗屎！"

---

1 乔治·普罗迪（Giorgio Prodi, 1928—1987），意大利医学家、肿瘤专家。博洛尼亚至今有以他命名的癌症研究中心。他的弟弟罗马诺·普罗迪（Romano Prodi, 1939— ）是意大利政治家，两任意大利总理，曾任欧洲委员会主席。

(Merdre！) [1]

卡里埃尔　我恰好还记得一句引文——我的记忆刚刚够用——"我还记得一个拥有非凡记忆力的人，但我忘了他都记住些什么。"也就是说，我只能记住遗忘。这样一来，我想我们的交流有助于区分法文中的"知识"（savoir）和"认识"（connaissance）。知识塞满我们的脑袋，却不总是有用。认识则是把一种知识转化为生活经验。也许我们可以把不断更新知识这个任务交给机器，而把精力集中在认识之上。这应该就是米歇尔·塞尔那句话的涵义所在。我们只剩下智慧——多么轻松！再补充一点，倘若一场生态大灾难摧毁人类，让我们一下子消失或者逐渐灭绝，那么我们所提出并讨论的这些记忆问题都会显得自负而荒诞。我想起了列维－施特劳斯《神话学》的最后一句话："换言之，一无所是。""一无所是"（rien）是最后一个字。我们最后的话。

1　雅里在《愚比王》中用 Merdre 这个生造词开场。据说 1896 年该剧首演时，这个根据传统的脏话"merde"造出的词震惊四座，成为当时的丑闻。艾柯引经据典，连脏话都可以说得很风雅。

说出滑铁卢所有参战者的姓名

一个作家若想避免被过滤，那么他最好联合、参与某个小群体，而不要保持孤立。莎士比亚之谜在于，人们不能明白，为何单单一个演员就能创造出如此天才的作品。

5

被过滤者的报复

夏多布里昂的《墓中回忆录》一开始是秘密写的，在他生前只发表一小部分，而且是很久以后。当时给他带来荣誉的小说如今都不堪卒读。这是一个过滤的奇特例子：他为众多读者写的东西被我们丢开，他单独为自己写下的作品，却让我们心醉神迷。

现在有一种葡萄酒，就是"没过滤的"。它保留了所有残渣，有时带来一种非常独特的风味，一经过滤就被去除。也许，我们在学校里品尝了一种过度过滤的文学，以至于丧失了这种不纯粹的风味。

托纳克　我想应该再谈谈人类运用网络这一无法控制的记忆工具所造成的处境。如何对待这种工具，这种多样性，这些海量的矛盾的信息？

卡里埃尔　网络提供了一种未加工的信息，不加区分，也没有核实出处、加以分级。每个人不仅要核实这些信息，还要赋予这些信息意义，也就是整理并在言论的某个时刻运用他的知识。但根据什么标准？我们说过，我们的历史书的书写往往从民族主义倾向出发，从短期利益出发，从这儿那儿感受到的意识形态的选择出发。任何关于法国大革命的历史都不是清白无辜的。丹东本是 19 世纪法国那些历史学家们的伟人，到处可见丹东像和丹东街。后来他失宠了，被证明堕落了，廉洁的罗伯斯庇尔重新获得青睐，受到阿尔贝·马蒂埃[1]等马克思主义历史学家的大力支持。于是在法国的某些亲共社区有

1　阿尔贝·马蒂埃（Albert Mathiez，1874—1932），法国历史学家，法国大革命史专家。

了几条罗伯斯庇尔街，在蒙特伊－苏－布瓦[1]甚至有了一个罗伯斯庇尔地铁站。明天又会是谁？又会有什么动静？我们一无所知。为了在这个喧嚣的知识海洋靠岸，我们需要某种观点，或至少某些方向标。

艾柯　我看到了另一种危险。文化一边进行过滤，一边告诉我们哪些必须保存，哪些必须遗忘。就这样，文化提供给我们某种共同的理解基础，也包括谬误在内。我们只有从托勒密[2]的理论出发，才能理解伽利略的天体运动理论。我们要先赞同托勒密，才能进入伽利略的理解阶段，同时认识到托勒密错了。人们之间的任何讨论，只能建立在一部共同的百科全书的基础之上。我甚至可以向你们证明，拿破仑根本不存在——但仅仅是因为我们三个都已经知道他存在。这是对话持续的保障。人类

1　蒙特伊－苏－布瓦（Montreuil-sous-bois），巴黎以东的近郊。
2　托勒密（Claudius Ptolemaeus，约90—168），希腊天文学家，著有《天文学大成》等，系统论证了天体运动的地心学说。

的群居本能使对话、创造和自由成为可能。正如你刚才所说，网络既提供一切，又迫使我们实行过滤，但不再通过文化这一中介，而是通过我们各自的头脑。我们从此冒着同时拥有六十亿部百科全书的风险，这必然阻碍一切共识的形成。

这么说有点儿科幻。因为总有某些力量在促使人们接受相似的信仰，也就是说，总是有被公认的权威，我们称之为国际科学界，我们信赖它，因为它每天都能公开地审视、纠正自己的结论。正是基于对科学界的这份信赖，我们深信不疑，2 的平方根是 1.41421356237309504880168872420969807856967187537694807317667973799...（我记不住，要在电脑上核实）。我的意思是，一个普通人还有别的办法来保证这一数字的正确性吗？也许可以这么说：科学真理对于所有人而言都有效，因为我们如果没有共同的数学概念，就不可能建起一座大厦。

然而，只需略加浏览网上信息，就能找到一些群体，他们质疑一般认为众所周知的概念。比如，他们说地球是中空的，人类生活在地球的表面，再比如，创世在六天里完成。由此带来的后果是，我们有可能遇到各种不同的知识。我们曾经以为，全球化会促使人类形成同样的思维方式，但结果恰恰相反，全球化造成人类共同经验的分裂。

卡里埃尔 说到这种知识的多样性，以及人人不得不从中挤出一条自己的路，我想到了印度神族，包括三千六百个主神和不计其数的次神。尽管分散，但还是有一些大神为全体印度人所信奉。为什么？在印度有一种海龟的说法：把龟放在地上，让四脚露出龟壳，人站到龟背上（海龟是印度教大神毗湿奴的化身之一），从环绕四周的三千六百个神灵中选择那些特别对自己说话的神。人生的道路就这样开辟了。

在我看来，我们在网上可能开启的个人道路与此相似。每个印度人都有自己的保护神，然而全体印度人又参与同一信仰团体。我再回来讲过滤的问题。我们全都受着过滤的教育，这种过滤早在我们之前就已完成。正如你所说，这是一切文化的本质。不过，我们不会禁止对这样的过滤发出质疑，事实上我们也不缺乏这类质疑。举个例子。在我看来，除了兰波和波德莱尔以外，最伟大的法兰西诗人均默默无闻。他们是 17 世纪初的巴洛克诗人们，布瓦洛和其他古典诗人曾对他们施加了致命的打击。他们的名字是让·德·拉塞佩德、让－巴普蒂斯特·夏西涅、克洛德·霍皮、皮埃尔·德·马尔波夫。[1] 我有时会背诵他们的诗，但这些诗人的作品只有古本，也就是他们在世时的版本，非常罕见，极其昂贵。这些诗几乎没有再版。我坚信他们属于最伟大的法兰西诗人之列，远远超过拉马丁、阿尔弗雷德·缪塞，尽管后两位的作品作为法语诗歌典范而畅销不衰。缪塞留下了十四部作品，有一天，我很高兴地得知阿尔弗雷德·雅里称之为十四次的无能。

我们的历史没有凝滞。没有什么比历史更活生生。我想把话题再扯远一点。在把埃德蒙·罗斯丹的《西哈

1　这几位诗人的法文姓名和生卒年份分别是：Jean de La Ceppède（1550—1622）；Jean-Baptiste Chassignet（1571—1635）；Claude Hopil（1585—1633）；Pierre de Marbeuf（1596—1645）。

诺·德·贝热拉克》[1]改编成电影时,我和让-保尔·拉普诺想突出罗珊娜的形象,这个人物在原作中不太起眼。我自得其乐地重讲这个故事,称之为一个女人的故事。怎么搞的,一个女人的故事?是呀,一个女人找到了理想的男人,他英俊、聪明、高贵,只有一个缺点:他不是一个人,而是两个人。[2]

罗珊娜尤其欣赏当时的诗人。为了让女演员安娜·布罗歇熟悉角色,也就是一个初到巴黎的聪慧敏感的外省女子,我给了她这些被遗忘的诗人们的原版诗作。她非常喜欢,我们甚至还在阿维尼翁戏剧节[3]上一起做了朗诵表演。因此,还是有可能让那些受到不公正评判的死者复活,即便只有短暂的时刻。

---

1 《西哈诺·德·贝热拉克》(*Cyrano de Bergerac*),埃德蒙·罗斯丹 (Edmond Eugène Alexis Rostand, 1868—1918) 创作于 1897 年的诗剧。1990 年,由让-保尔·拉普诺 (Jean-Paul Rappeneau) 导演、卡里埃尔编剧,把这部传统诗剧改为同名电影,中译名《大鼻子情圣》。杰拉尔·德帕迪约和下文提到的安娜·布罗歇 (Anne Brochet) 分别扮演男女主角。

2 在《西哈诺·德·贝热拉克》中,西哈诺深爱着表妹,却出于贵族的情操,强忍痛苦,代朋友克里斯蒂安写情书,把心中的真情写入信中。因此这里有"两个人"之说。

3 阿维尼翁戏剧节 (Festival d'Avignon),每年 7 月在法国南部城市阿维尼翁举办的国际戏剧节。

我说的是死者，真正意义上的死者。我们还应记住，在这些诗人中，有的就在 17 世纪被烧死在格列夫广场[1]，因为他们是自由思想者、反叛者，往往还是同性恋，并且永远桀骜不驯。雅克·肖松[2] 是一个例子，之后还有克洛德·伯蒂[3]。伯蒂写过一首十四行诗，纪念他的这位 1661 年因鸡奸罪和自由放纵罪而被烧死的朋友。刽子手给死刑犯人换上一件用硫黄浸透的衬衣，这样火焰就能迅速燃开，窒息犯人。克洛德·伯蒂的十四行诗是这么开篇的："朋友们，他们烧死了可怜的肖松。"他描绘了可怕的酷刑，在最后影射燃烧的硫黄衬衣，这么写道："他终于死了，正如他曾经活着，／这淘气鬼，一边还把屁股现给所有人看。"

克洛德·伯蒂两年后也被烧死。很少人知道这些事。那是高乃依和莫里哀享受巨大成功的年代，是修建凡尔

---

1 格列夫广场（Place de Grève），1902 年以前的叫法，也就是今天的巴黎市政厅广场。

2 雅克·肖松（Jacques Chausson），1618 年生，1661 年 12 月 29 日因企图强暴一名贵族少年而被判处火刑。一起被烧死的还有一个同谋雅克·保尔米埃（Jacques Paulmier）。肖松案在当时社会引起极大反响，是历史研究者们最常援引的鸡奸案之一。

3 克洛德·伯蒂（Claude Petit），1638 年生，1662 年 9 月 1 日因言论大胆而被判处火刑。

赛宫的年代，是我们的"伟大的世纪"。这是另一种形式的过滤：烧死一些人。所幸的是——感谢珍本收藏者——19世纪末的珍本收藏家弗雷德里克·拉谢弗尔[1]对这些诗人情有独钟，重版他们的作品。发行量很小。多亏了他，我们今天还能读到这些诗人的诗。

艾柯　你讲到被人遗忘的法国巴洛克诗人。在20世纪上半叶，意大利教学大纲里几乎看不见意大利巴洛克诗人，因为那被视为颓废时期。在我那个年代，我们在大学而不是中学听革新派教授们的课，重新发现巴洛克艺术，我的小说《昨日之岛》[2]就取材于那个时期，深受其影响。我们也着手重新审视中世纪，这在19世纪下半叶就已开始。我曾研究过中世纪美学。当时有两三位学者投身于这一崇高的研究，但知识分子阶层始终对中世纪持有反感态度，你得坚持不懈才行。不过，你们没有而我们发现了巴洛克时期，也许还源于如下的事实：法

1　弗雷德里克·拉谢弗尔（Frédéric Lachèvre, 1855—1943），珍本收藏家，法国文学批评家，17世纪自由派研究专家。
2　《昨日之岛》（L'isola del giorno prima），艾柯1994年发表的小说。

国在建筑方面没有经历真正的巴洛克时期。17世纪的法国已经是古典时代。同一时期在意大利，贝尼尼[1]、波罗米尼[2]在建筑领域的成就与诗歌正相呼应。法国没有这个时期的建筑遗迹。圣·叙尔比斯教堂[3]不算巴洛克艺术。我不想变得恶毒，像于斯曼[4]那样说它是法国各大火车站的样板。

卡里埃尔　尽管如此，他的小说《彼处》[5]中有部分情节就在这个教堂里展开。

1　贝尼尼（Gian Lorenzo Bernini, 1598—1680），17世纪意大利最杰出的雕塑家和建筑大师，被称为巴洛克之父。
2　波罗米尼（Francesco Borromini, 1599—1667），意大利建筑大师，巴洛克艺术代表。
3　圣·叙尔比斯教堂（Église Saint-Sulpice），位于巴黎六区卢森堡公园附近，13世纪始建，17世纪重建，当时许多重要建筑师参与了重建。这个教堂还以19世纪画家德拉克鲁瓦（Eugène Delacroix, 1798—1863）的壁画著称。
4　于斯曼（Joris-Karl Huysmans, 1848—1907），法国小说家，艺术评论家。这里说的应该是写于1898—1908年间的《巴黎的教堂》（Les Églises de Paris）。于斯曼在书中评述了巴黎的五座教堂Saint-Julien-le-Pauvre, Saint-Séverin, Notre-Dame de Paris, Saint-Merry 和 Saint-Germain l'Auxerrois，同时严厉批评了圣·叙尔比斯教堂的建筑艺术。
5　《彼处》（Là-bas），于斯曼1891年创作的小说。

艾柯　我很喜欢圣·叙尔比斯一带，包括教堂本身。只不过，它不会让我想到伟大的意大利巴洛克时期，甚或巴伐利亚艺术[1]，尽管建筑师塞万多尼是个意大利人。[2]

卡里埃尔　亨利四世在巴黎兴建孚日广场[3]，那时的风格已经非常严整。

艾柯　卢瓦尔河城堡群，以香波尔城堡[4]为例，尽管兴建于文艺复兴时代，但它们是否就是法国巴洛克建筑

1　巴伐利亚艺术，指巴伐利亚（今德国慕尼黑一带）国王路德维希二世（Ludwig II，1845—1886）模仿法国巴洛克建筑的代表凡尔赛宫修建了海伦希姆湖宫；或指一般意义上的德国巴洛克建筑艺术，它在17世纪末至18世纪上半叶兴盛一时，代表人物有纽曼（Johann Balthasar Neumann，1687—1753）等。

2　尽管有个意大利姓氏，塞万多尼（Giovanni Niccolò Servandoni，1695—1766）一般却被视为法国建筑家和装饰家（事实上，他还有一个法文姓名 Jean-Nicolas Servan），他曾负责装饰巴黎歌剧院和圣·叙尔比斯教堂正面。

3　孚日广场（Place des Vosges），1848年以前又名"皇家广场"（Place Royale），兴建于亨利四世时代，于1612年路易十三大婚时举行落成典礼。它是巴黎最古老的广场之一，附近曾先后住过雨果、戈蒂埃等名人。

4　香波尔城堡（Château de Chambord），1519年由弗朗索瓦一世兴建，1684年由路易十四完成。它是卢瓦尔皇家城堡群中最大的城堡。艾柯说它是巴洛克艺术的代表，显然是想到了城堡中的螺旋双梯。

的唯一代表？

卡里埃尔 在德国，巴洛克艺术等同于古典艺术。

艾柯 正因为这样，安德烈·格里弗斯[1]才被视为一位伟大的诗人，并大致对应你提到的那些被遗忘的法国诗人。现在，我明白了另一种理由，可以解释为什么巴洛克艺术在不同国家的成就有大有小。巴洛克艺术涌现在意大利的政治衰落时期，而法国在当时处于中央王权的鼎盛时期。一个过于强大的君王不可能允许他的建筑师沉湎于个人的幻想之中。巴洛克艺术是极端自由主义和无政府主义的。

卡里埃尔 几近反叛。法国在当时的处境，正如布瓦洛的可怕宣判所言："终于马雷伯[2]来了，在法兰西第一次／让人们感受到诗的韵律。"是的，布瓦洛是个杰

---

1 安德烈·格里弗斯(Andreas Gryphius, 1616—1664)，德国诗人，悲剧家。

2 马雷伯（François de Malherbe, 1555—1628），法国古典诗歌的先驱，极力批判巴洛克文风，布瓦洛在诗中盛赞他为法语和法语诗歌做出革新。

出的反诗人。我们再说一位诗人，他长期默默无闻，最近才重新得到世人关注，恰好与我们这位法兰西"塔利班"生活在同一时代，巴尔塔沙·葛拉西安[1]，代表作是《智慧书》。

艾柯　同一时代还生活着另一位重要人物。正当葛拉西安在西班牙写《智慧书》时，托尔夸托·阿克谢托[2]在意大利写《公正的隐匿》。葛拉西安和阿克谢托有许多相通之处。然而葛拉西安建议在宫廷采纳有违本心的行为准则，是为了更好地出风头；阿克谢托建议凡事隐藏自己的本来面目，则主要是出于自我保护的想法。当然，这是很微妙的差别，这两位作家同时阐述了隐匿的问题，一个为了更好地表现，另一个则为了更好地隐藏。

卡里埃尔　在这一方面，意大利作家中最用不着平反

1　巴尔塔沙·葛拉西安（Baltasar Gracián, 1601—1658），西班牙耶稣会教士，思想家，哲学家。

2　托尔夸托·阿克谢托（Torquato Accetto, 1590—1640），意大利哲学家，著有《公正的隐匿》（*Della dissimulazione onesta*）。

的无疑是马基雅维利[1]。你认为在科学领域里是否也存在同样的不公正，也存在一些被人遗忘的伟大形象？

艾柯 科学是凶手，但这要从另一层面来讲。在新的发现宣告前一种理论无效时，科学就加以扼杀。比如，学者们以前相信波在能媒中传播，但当能媒被证明不存在时，再也没有人敢这么讲了。这个被遗弃的假设从此成为科学史的题材。美国分析哲学力求接近科学，却始终没能实现，它不幸地接受了上面说到的理论。几十年前，普林斯顿大学哲学系的门上还写着："哲学史研究者禁止入内。"相比之下，人文科学不可能忘却历史。有一次，有个分析哲学家问我，为什么要了解古希腊廊下派哲人如何阐述这样或那样的问题。他们说的要么是些蠢话，与我们无关；即便有一些好的想法，迟早也会有人重新提出来。

我回答他说：古代廊下派哲人们也许提出了某些有趣的问题，只是从此就被世人所遗忘，我们必须重新找

1　马基雅维利（Niccolò Machiavelli, 1469—1527），意大利文艺复兴时代的哲人、政治思想家。

到一切被中止的思辨过程。倘若他们的思考正确，我不明白为什么非得等某个美国天才来重新发现这一古老的理论，既然欧洲的"傻瓜们"早已了如指掌。或者，倘若某个从前展开的理论把人类引入死胡同，我们最好也有所了解，以免再次走上绝路。

卡里埃尔　我讲了那些伟大然而默默无闻的法国诗人。你也说说那些被人不公正地遗忘的意大利作家吧。

艾柯　我想到了一些次要的巴洛克作家，他们中最重要的一个，马里诺[1]，当时在法国的知名度远胜于在意大利。17世纪，我们的伟人都是科学家和哲学家，比如伽利略、布鲁诺和康帕内拉，今天仍然出现在世界各地的"教学大纲"（Syllabus）中。意大利18世纪非常薄弱，尤其与法国同一时期相比，但我们不能忽略哥尔多尼[2]的例子。意大利启蒙思想家比较不为人所知，比如最早公

1　马里诺（Giovan Battista Marino, 1569—1625），意大利诗人，曾旅居法国，获得法王亨利四世的保护。
2　哥尔多尼（Carlo Goldoni, 1707—1793），意大利戏剧家，用意大利语、威尼斯语和法语写作。

开反对死刑的贝卡里亚[1]。但18世纪最伟大的意大利思想家无疑是维柯[2]，他预见了19世纪的历史哲学。英美世界对他的重新评价远远超过法国。

毋庸置疑，贾克茂·利奥帕底[3]是19世纪任何语言中最伟大的诗人，但很少有人知道他，尽管在法国有很好的译本。利奥帕底还是一位伟大的思想家，这一点甚至在意大利也没有得到承认。真是奇怪。几年前，他的鸿篇巨著《思想杂记》（绝非系统性的哲学沉思，却涵盖一切）被译成法语，但只得到极少数哲学家或意大利研究学者的关注。亚历山德罗·曼佐尼也一样：他的《约婚夫妇》从问世以来直到近年有多种法语译本，却从未拥有广大读者。这很可惜，因为我认为他是一位伟大的小说家。

---

1 贝卡里亚（Cesare, Marquis of Beccaria-Bonesana, 1738—1794），意大利思想家、政治家。

2 乔瓦尼·巴蒂斯塔·维柯（Giovan Battista Vico, 1668—1744），意大利著名的政治哲学家、语言学家、历史学家。

3 贾克茂·利奥帕底（Giacomo Leopardi, 1798—1837），意大利诗人，哲学家。下文提到的《思想杂记》（*Zibaldone dei pensieri*）是他的鸿篇哲学日记，于1900年出版。

伊波利托·涅埃沃[1] 的《一个意大利人的自述》也有几种译本，只是，既然连意大利人也不再读它（这至少是一个阅读的好理由），法国人为什么要去读呢？我很惭愧，直到最近我才完整地读了这本书。一次新发现。有人说它枯燥无味，其实不然，这书很引人入胜。第二卷也许有点沉闷，但第一卷非常美。再说，他三十岁就死于加里波第解放战争，死因迄今不明。小说在他去世以后出版，根本没有时间修订。这作为文学事件或历史事件都非常吸引人。

我本来还可以提到乔万尼·维尔加[2]。不过也许更应该说一说发生在1860—1880年间的这场具有伟大的现代性意义的文学艺术思潮，我们称之为"浪荡文学派"（Scapigliatura）。意大利人对这场文化运动一无所知，但其成就堪与同一时期的巴黎媲美。"浪荡文学派"，就是法国的"蓬乱派"或"波西米亚派"。

---

1 伊波利托·涅埃沃（Ippolito Nievo，1831—1861），意大利作家。《一个意大利人的自述》（*Le confessioni d'un Italiano*）至少有过两个法语译本，分别在1867年和2006年。

2 乔万尼·维尔加（Giovanni Verga，1840—1922），意大利作家。

卡里埃尔 在法国，19 世纪末，一些"水疾病"[1]的旧成员成立了"蓬乱派"[2]，他们一般在黑猫小酒馆[3]聚会。不过，我想就你刚才谈到的 18 世纪做一点补充。在拉辛的《费德尔》和浪漫主义之间[4]，法国经历了没有诗歌的一百二三十年。当然，蹩脚诗人们写出并发表了成千上万的韵文，也许上百万，但没有哪个法国人可以记住其中任何一首诗。我可以向你提及弗罗里安[5]（一个平庸的寓言作家），德里伊神甫，让－巴普蒂斯特·卢梭[6]，只是谁从前读过、谁还会在今天读他们的作品呢？谁还能读

---

1 "水疾病"（les Hydropathes），1878—1880 年间由艾米尔·古多（Emile Gouteau）创立的巴黎文学组织，Hydropathes 是生造词，从词源解释为"因水而患病的"，或"不喜欢水的"。

2 "蓬乱派"（les Hirsutes），原意是"毛发长而密的"，1881 年由莫里斯·伯蒂（Maurice Petit）成立的文学小组，参与者包括不少原来的"水疾病"成员，该小组后来转由古多领导，并于 1884 年重新更名为"水疾病"。古多在 1888 年写下了回忆录《十年流浪》（Dix ans de bohème）。

3 黑猫小酒馆（cabaret du Chat Noir），位于巴黎的蒙马特，是 19 世纪末文人艺术家的聚集地，也是"波西米亚"的象征地。

4 拉辛的《费德尔》（Phèdre）于 1676 年问世，法国浪漫主义则始于 19 世纪初，可以举出夏多布里昂、雨果、奈瓦尔等人，当然也包括卡里埃尔上文所批评的拉马丁和缪塞。

5 弗罗里安（Jean-Pierre Claris de Florian，1755—1794），一般认为他是拉封丹之后最出色的法语寓言作家。

6 让－巴普蒂斯特·卢梭（Jean-Baptiste Rousseau，1671—1741），法国诗人。

伏尔泰的悲剧呢？当年这些作品备受赞誉，作者生前甚至在法兰西剧院的舞台上获得加冕，[1]如今却只能让我们大跌眼镜。因为，这些"诗人"，或自诩的诗人，满足于遵守一个世纪以前布瓦洛所定的规则。法国人从来没有写下如此多的韵文，却写出如此少的诗歌。一个多世纪里，连一首诗也不曾存在过。一旦满足于遵守规则，一切惊喜、一切光彩、一切灵感就此蒸发。我有时候会试着向年轻的电影工作者强调这个教诲："你们可以继续搞电影，同时忘记你们在搞电影艺术，相对来说前者更容易些。"

艾柯 在这种具体情况下，过滤是有好处的。我们情愿不要记住你提及的那些"诗人"。

卡里埃尔 是的，这回是无情而公正的过滤。一切都进入遗忘的深渊。天才、创新、大胆似乎都跑到哲学家

1　1778 年 3 月 30 日，伏尔泰去世前两个多月，他的悲剧《伊莱娜》在法兰西剧院第六次上演，演出结束以后，演员们在舞台上用月桂花环为他加冕。伏尔泰的戏剧和诗歌在生前为他赢得极大荣誉，但现代读者更推崇他的哲学著作和哲学小说。

和散文作家那边去了，比如拉克洛[1]、勒萨日[2]、狄德罗，还有两位剧作家，马里沃[3]和博马舍[4]。在此之后就是19世纪，伟大的小说世纪。

艾柯 英国小说最鼎盛的时期却是在18世纪，当时已经有塞缪尔·理查森[5]和丹尼尔·笛福……毫无疑问，小说的三大传统来自法国、英国和俄罗斯。

卡里埃尔 看到一种文艺灵感可能突然消失，总是令人震惊。以法国诗歌史为例，从弗朗索瓦·维庸[6]说起，

1　拉克洛（Pierre Ambroise François Choderlos de Laclos，1741—1803），法国作家，著有《危险关系》（*Les Liaisons dangereuses,* 1781）等。

2　勒萨日（Alain-René Lesage，1668—1747），法国小说家、剧作家，著有《吉尔·布拉斯》（*Histoire de Gil Blas de Santillane*）等。

3　马里沃（Pierre Carlet de Chamblain de Marivaux，1688—1763），法国剧作家、小说家。

4　博马舍（Pierre Beaumarchais，1732—1799），启蒙时代的重要代表人物之一，兼有多种身份，除了剧作家（以三部《费加罗》戏剧为代表）以外，他还是钟表制造者、音乐家、出版商、外交官等。

5　塞缪尔·理查森（Samuel Richardson，1689—1761），英国小说家，艾柯在下文提到的女仆故事，当指1740年的《帕梅拉》，又名《贞洁得报》。

6　弗朗索瓦·维庸（François Villon，1431—1463），生逢中世纪末文艺复兴初期，一般被视为法国第一位诗人。他不仅是诗人，还是小偷、流浪者，主要作品是《遗嘱集》。

直到超现实主义[1]，你可以轮番列举各个文学流派，七星诗社、古典主义、浪漫主义、象征主义、超现实主义等。然而，从《费德尔》问世的 1676 年到安德烈·谢尼埃[2]等诗人之间，你找不到任何诗歌痕迹，任何新的灵感。

艾柯　诗歌的沉寂，恰恰发生在法国最光荣的年代之一。

卡里埃尔　在那个年代，法语是整个欧洲的外交语言。我向你保证，我还专门寻找过，甚至在大众文学里，到处都找过。但一无所获。

艾柯　文学流派或绘画流派往往产生于模仿和影响。举个例子，某个作家最先写了一部优秀的历史小说，获得一定成功：很快就会有人抄袭他。我若是发现写爱情小说

1　超现实主义（Les Surréalistes），1920 年代起源于法国的一场重大文艺运动，对欧洲现代文学和艺术起了深远的影响，诗歌方面的代表人物有布勒东、阿拉贡、艾吕雅等。
2　安德烈·谢尼埃（André Chénier，1762—1794），法国诗人。法国大革命期间，他在罗伯斯庇尔的革命恐怖之下，被送上了断头台。

可能赚钱，不免也会尝试一番。正是出于同一个原因，从前拉丁文学才会出现一些爱情诗人的小团体，比如卡图卢斯[1]、普罗佩提乌斯[2]。在英国产生的现代小说流派——一般称为"中产阶级"（bourgeois）小说——就与当时特殊的经济环境有关。作家们为商人或海员的妻子写小说，商人或海员都长期旅行在外，他们的妻子既识字又有大量时间阅读。另外还有女仆，她们有蜡烛，可以在夜间阅读。中产阶级小说产生于特定的商业经济背景下，基本读者是女性。当理查森先生讲了一个女仆最终变成有钱人的故事，很快就会有其他觊觎荣耀的人效仿。

卡里埃尔　创作流派常常在一些小群体中产生，相关成员彼此认识，在同一时刻分享着同一想望。他们几乎都是同伴。我有机会密切交往的所有超现实主义者们都声称，第一次世界大战以后，他们感到了巴黎的召唤。

1　卡图卢斯（Caius Valerius Catullus，约 87 BC—54 BC），古罗马诗人。他的大部分诗歌自述对某个名为 Lesbia 的女子的爱情。据说他在当时组织了一个诗人团体，名叫 noui poetae（新诗人）。
2　普罗佩提乌斯（Sextus Propertius，约 47 BC—16 BC），古罗马诗人，擅写爱情哀歌，他的情诗专注于一个名叫 Cynthia 的恋人。

曼·雷来自美国，马科斯·恩斯特来自德国，布努埃尔和达利来自西班牙，本雅明·佩雷来自图卢兹，[1] 他们纷纷到了巴黎，和同类人聚在一起，他们一起创造了新意象和新语言。"垮掉的一代"、新浪潮、聚集在罗马的意大利电影人，等等，乃至12、13世纪从一片空白之中涌现出来的伊朗诗人们，都是一样的现象。我想列举这些令人赞叹的伊朗诗人的名字，他们是阿塔尔、鲁米、萨阿迪、哈菲兹、莪默·伽亚谟，[2] 他们全都相互认识，也全都承认受到前辈的决定性影响——正如你所说的。然后，环境突然改变，灵感就此枯竭。小群体有时是分裂，更多则是分散，机遇转瞬即逝。在伊朗的例子里，蒙古人的侵略起了重要作用。

---

1 曼·雷（Man Ray，1890—1976）、马科斯·恩斯特（Max Ernst，1891—1976）、布努埃尔（参前文注释）、达利（Salvador Dalí，1904—1989）、本雅明·佩雷（Benjamin Péret，1899—1959），都是超现实主义运动的代表人物。

2 阿塔尔（Attar Neyshapuri，1145—1221）、鲁米（参见前文注释）、萨阿迪（Saadi，1184—1283/1291?）、哈菲兹（Hafez，1315—1390）、莪默·伽亚谟（Omar Khayyam，1048—1122），都是波斯伊斯兰教的诗人和思想家。

艾柯　我想起阿兰·查普曼[1]的一本出色的书。书中提道，在 17 世纪的牛津，自然科学取得异乎寻常的飞跃，因为当时的皇家学会[2]聚集了一批相互影响的一流学者。三十年后，这一现象完全消失。19 世纪初期，数学家们在剑桥也有类似的经历。

卡里埃尔　在这一点上，孤立的天才显得不可想象。七星诗社的诗人，龙萨、杜·贝莱和马洛是知交。[3]法国古典大师们也是如此。莫里哀、拉辛、高乃依和布瓦洛彼此相识，以至于有些不无荒诞的传闻说，莫里哀的作品其实出自高乃依之手。伟大的俄罗斯小说家们相互通信，甚至和他们的法国同行保持书信往来，比如屠格涅夫和福楼拜。一个作家若想避免被过滤，那么他最好联合、参与某个小群体，而不要保持孤立。

1　阿兰·查普曼（Allan Chapman，1946— ），英国牛津大学历史学家。艾柯提到的书可能是 2004 年版的 *England's Leonardo: Robert Hooke and the Seventeenth-century Scientific Revolution*。

2　皇家学会（Royal Society），全称是"伦敦皇家自然知识促进学会"，成立于 1660 年。

3　龙萨（Pierre de Ronsard，1524—1585）、杜·贝莱（Joachim du Bellay，1525—1560）是 16 世纪七星诗社的成员，马洛（Clément Marot，1486—1544）比他们年长。

艾柯　莎士比亚之谜在于，人们不能明白，为何单单一个演员就能创造出如此天才的作品。有人甚至推想，莎士比亚的戏剧可能出自培根之手。但是不对。莎士比亚并非孤单一人。他生活在学者圈里，和其他伊丽莎白时代的诗人们保持密切往来。

卡里埃尔　有一个问题我始终没有答案。为什么一个时代会选择这种艺术语言而不是别种艺术语言？文艺复兴时代在意大利有绘画和建筑，16世纪在英国有诗歌，17世纪在法国有戏剧，接着有哲学，下一个世纪在俄罗斯和法国有小说，诸如此类。我总是在问自己，比如说，假若电影不存在，布努埃尔会做些什么？我还记得弗朗索瓦·特吕弗最后的评判："没有英国电影，没有法国戏剧。"言下之意，仿佛戏剧必定是英国的，而电影必定是法国的。当然这有点过于武断。

艾柯　你是对的，我们不可能解开这样的谜。这会迫使我们去考虑无限的因素。类似于在特定时刻预测一只网球在汪洋大海中的位置。为什么英国在莎士比亚时代没有绘画，而意大利在但丁时代有乔托[1]，在阿里奥斯托[2]时代有拉斐尔？法兰西画派是如何诞生的？你当然可以解释说，因为弗朗索瓦一世请达芬奇到法国，而后者似乎播下了后来成为法兰西画派的种子。只是，你怎么解释得通呢？

卡里埃尔　我想暂停一下，带着怀旧心情谈一谈伟大的意大利电影的诞生。为什么这是在意大利，并且在二战末期？那是几个世纪的绘画陶冶与一群年轻电影人对大众生活的非凡激情的碰撞。这么讲没错。我们可以分析当时的环境，但始终找不出真正的原因。尤其当我们再多问一个问题：为什么它这么快就消失？

我常常把罗马的"电影城"（Cinecittà）制片厂比作提香、委罗内塞、丁托列托和他们的弟子在一起工作的

1　乔托（Giotto di Bondone，1267—1337），文艺复兴早期的雕塑家、画家，与诗人但丁（Dante Alighieri，1265—1321）生活在同一时代。佛罗伦萨的巴杰罗美术馆至今藏有出自乔托之手的但丁像。

2　阿里奥斯托（Arioste，1474—1533），著有长诗《疯狂的罗兰》，与文艺复兴时期佛罗伦萨大画家拉斐尔（Raphael，1483—1520）生活在同一时代。

一个大画室。[1] 你肯定知道，当教皇邀请提香前往罗马时，传说他的随行人员长达七公里之远。[2] 这简直就像一个活动中的大工坊。但这就足以解释新写实主义和意大利戏剧的诞生吗？还有维斯康蒂、安东尼奥尼、费里尼[3]的出现？

托纳克 是否可能存在一种文化，没有孕育出任何形式的艺术？

艾柯 这很难讲。我们曾经以为世界上某些地区存在类似状况。但往往只需到那里略作调查，我们就会发现当地存在着某些艺术传统，只不过我们是唯一不知道这些传统的人而已。

---

1 提香（Tiziano Vecellio，1490—1576）、委罗内塞（Paolo Veronese，1528—1588）、丁托列托（Tintoret，1518—1594），都是意大利文艺复兴后期的重要画家，威尼斯画派的代表，在威尼斯至今仍保留着他们当年建立的画室遗址。
2 指 1545 年，教皇保罗三世召见提香并赐予他罗马公民的身份。
3 维斯康蒂（Luchino Visconti，1906—1976）、安东尼奥尼（Michelangelo Antonioni，1912—2007）、费里尼（Federico Fellini，1920—1993），都是 20 世纪意大利电影大师。

卡里埃尔 还应注意一点，在古老的文化传统里，并不存在对伟大创作者的膜拜。不计其数技艺超凡的古代匠人进行创作，却从未在他们的作品上署名。他们从不把自己视为、也从不被人视为艺术家。

艾柯 他们也没有创新的概念，这是西方的标志。在某些文化传统里，"艺术家"（artists）的野心只是极为忠实地重复同一种装饰图案，并把前辈教下的技艺再传给学生。他们的艺术即便有变化和差异，我们也察觉不到。我在澳大利亚旅行时，对当地土著的生活很有感触，不是今天那些由于酒精和所谓的文明而近乎灭绝的人，而是在西方人登陆以前生活在那片土地上的人。他们当时都做些什么呢？在一望无际的澳大利亚大沙漠，那些游牧部落一直在转着圈游历，夜里抓一条蜥蜴或蛇当晚餐，天明重新出发。倘若他们不是老在转圈，而在某个时候往前直走，他们本该到达大海边，有美食相邀的地方。无论过去还是现在，他们的艺术无一例外与画圈有关，在我们看来像是抽象艺术，很漂亮。有一天，我们去参观一处土著居民的保留地，里面有一座基督教教堂。

神甫向我们展示教堂深处的一幅巨大的镶嵌画，自然，上面只有些圆圈。神甫解释说，土著民相信这些圆圈代表基督的受难，但他本人也无法解释个中原因。我儿子当时还是个毛孩子，没受过什么宗教方面的训练，但他发现这些圆圈一共有十四个；这显然呼应基督受难的十四处"苦路"[1]。

在画中，耶稣受难之路被表现为某种永恒的圆形运动，其间散布着十四处停顿。土著居民无法摆脱他们既有的图形和想象，虽然在这一重复的传统里还是有某种创新——我们不要再想入非非了，我再回到巴洛克艺术。我们刚才解释了，法国不存在巴洛克艺术是因为君主制形成极为强大的中央王权，这样的王权只能容忍某种古典主义的艺术形式。毫无疑问，这同样也可以解释你刚才所说的17世纪末和18世纪的法国没有真正意义上的诗歌灵感。在当时，强大的法兰西要求服从与约束，这是与艺术生活相对立的。

---

1 "苦路"（Via Crucis），天主教教堂通常会悬挂或摆设十四处苦路像，描绘耶稣受难时身背十字架，走向加尔瓦略山途中所经历的事迹。

卡里埃尔　我们几乎可以这么说：法兰西最光芒万丈的年代就是诗歌不存在的时代，在那个时代，法国几乎没有情感，没有声音。同一时期，德国经历了狂飙突进运动[1]。我有时候在想，当今的政治领袖是贝卢斯科尼和萨科奇这类只要有机会就自我吹嘘不读书的人，他们所代表的政权是否会怀念从前那个年代？那时候任何不逊的声音都要休止，权力只是毫无诗意的东西。我们的总统不时对《克莱芙王妃》显出某种本能的反感。他是个大忙人，看不出这类阅读的用处。但他还不断地提起，带着令人困惑的坚持。[2]想象一下我们在拉法耶特夫人旁堆积起的所有这些作者吧，在巨大的墓穴，漫长无用的沉寂里。顺便说一声：在意大利，你们可是避开了太阳王[3]。

1　狂飙突进运动（Sturm und Drang），18世纪七八十年代发生在德国的一场声势浩大的文学运动，德国文学史上第一次全德范围的文学新革命。

2　萨科齐不只一次公开批评拉法耶特夫人（Marie Madeleine de La Fayette，1634—1693）的《克莱芙王妃》（*La Princesse de Clèves*，1678）。2006年，《克莱芙王妃》被列入公职人员选拔试题，萨科奇称出题者是"虐待狂或白痴"。据称法国人罢工时曾朗读这部文学名著，以示抗议。

3　太阳王（Roi-Soleil），即路易十四。据说他喜欢在芭蕾舞剧中扮演太阳或阿波罗的角色，因而得了这个称号。

艾柯　我们倒有一些太阳王子，17世纪以前的城邦领主，曾经大大促进了某种异乎寻常的艺术创造力。在那之后是漫长的衰落。与你们的太阳王对应的是教皇。在最强有力的教宗治下，建筑和绘画往往出其不意地繁荣，这不是偶然——但文学除外。在意大利文学的伟大时代里，诗人们都在小城的领主家里创作，比如佛罗伦萨、费拉拉，而不是在罗马。

卡里埃尔　我们一直在谈论过滤，但如何看待一个与我们接近的年代？假设有人要求我介绍法国文学史中的阿拉贡，我该从何讲起？阿拉贡和艾吕雅原本是超现实主义者，后来却都写下了同情共产党的可怕而夸张的文章："斯大林的世界永垂不朽……"毫无疑问，艾吕雅始终是诗人，阿拉贡始终是小说家，然而我现在所能记住的，却是阿拉贡创作的歌词，由布拉桑[1]等人谱曲。《没有幸福的爱情》或《人就这么活吗》。我一直深爱这些老歌，它们陪伴并装点了我的青年时代。只是，我很清楚，

1　乔治·布拉桑（Georges Brassens，1921—1981），法国创作歌手。

这在文学史上只能算一个小插曲。我们还能为未来几代人留下什么呢？

电影方面的例子。我在五十年前上学时，电影正好也有五十年的历史。当时有一些大师，我们学习欣赏他们，分析他们的作品。其中一位大师就是雷内·克莱尔[1]。布努埃尔曾说过，在三十年代，有三位电影导演可以为所欲为：卓别林、华特·迪士尼和雷内·克莱尔。如今在电影学校里，没有人知道谁是雷内·克莱尔。按愚比老爹的话说，他彻底没影儿了。人们几乎记不住他的名字。三十年代的那些"德国人"也是一样，布努埃尔尤其钟爱他们：乔治·威廉·巴布斯特[2]、弗里茨·朗和茂瑙。谁还知道他们？谁还引述他们？谁还列举他们作例子？弗里茨·朗还为人所知，至少电影爱好者们记得他的《杀手M》[3]。但其他几位呢？过滤在无情、无影地实施，甚至电影学校也一样，这由学生们来决定。突然，某位"被

1　雷内·克莱尔（René Clair, 1898—1981），电影导演，法国影坛早期三杰之一。

2　乔治·威廉·巴布斯特（Georg Wilhelm Pabst, 1885—1967），德国新写实主义电影导演。

3　《杀手M》(*M*)，1931年弗里茨·朗拍摄的第一部有声电影，电影史上的经典之作。

过滤的"导演重新现身。因为他的某部电影在这里或那里放映，并造成轰动。因为新出了一本关于他的书。但这总是极其罕见的。我们几乎可以说，电影一旦开始走进历史，也就走进遗忘。

艾柯　世纪之交的作家也是如此，当时在意大利有三大诗人：邓南遮、卡尔杜奇[1]和帕斯科利[2]。直到法西斯政权[3]以前，邓南遮都是伟大的民族诗人。一战结束后，人们发现了帕斯科利，说他是20世纪诗歌的先锋。卡尔杜奇当时被看做修辞家，默默无闻。但如今又兴起了重读卡尔杜奇的运动，说他实在不赖。

新一代的三大诗人是翁加雷蒂、蒙塔莱和萨巴。人们当时都在追问，他们三人中谁会获诺贝尔文学奖。结果萨瓦多尔·夸西莫多在1959年获得这一殊荣。[4]蒙塔莱

1　乔苏埃·卡尔杜奇（Giosuè Carducci，1835—1907），意大利诗人，1906年获诺贝尔文学奖。
2　乔瓦尼·帕斯科利（Giovanni Pascoli，1855—1912），意大利诗人。
3　指墨索里尼于1922—1945年间建立的政权。
4　翁加雷蒂（Giuseppe Ungaretti，1888—1970）、埃乌杰尼奥·蒙塔莱（Eugenio Montale，1896—1981）、萨巴（Umberto Saba，1883—1957）与萨瓦多尔·夸西莫多（Salvatore Quasimodo，1901—1968）均为意大利诗人。

直到 1975 年才获奖，他无疑是 20 世纪意大利最伟大的诗人。在我看来，他还是 20 世纪全世界最伟大的诗人之一。

卡里埃尔　在我那个年代，也就是 1925—1930 年间，全世界最伟大的电影是意大利电影。我们每个月都在期待那两三部意大利新片上映，无论如何都不会错过。这构成我们的生活，远胜过我们自己的文化。在某个悲哀的日子里，意大利电影开始衰竭，并很快消逝。意大利电视是罪魁祸首，据说电视当时也联合制作电影。当然，对于我们所说的这一神秘的枯竭现象，意大利电影本身也深受其苦。突然之间，活力不再，导演老去，演员也是，作品被不断重复，某种精髓的东西正在丧失。意大利电影一去不复返，尽管它曾经在世界电影名列前茅。

这让我们笑、让我们颤抖的三十年，如今还留下什么？费里尼始终让我心醉神迷。安东尼奥尼一直让我心怀敬佩。你看过他最后的电影短片《米开朗基罗的凝视》[1]吗？这是有史以来最美的一部电影！安东尼奥尼在2000年拍摄了这个不到十五分钟的短片，片中没有任何对白，他有生以来第一回把自己拍进电影。我们看见他独自一人走进罗马的圣·皮埃尔·奥里安教堂。他缓缓走向教皇尤里乌斯二世的坟墓，整部电影就是一个没有对白的对话，是安东尼奥尼和米开朗基罗的摩西像的相互凝视。我们一直在探讨的问题——我们这个时代特有的自我展示和言论表达的疯狂，毫无来由的焦虑躁动——全被否决在影片的沉默和导演的凝视之中。他是来告别的。他再也不会回来，他心里明白。他来做最后一次拜访，他自己即将离去，而那难以捉摸的杰作将永久留下。他仿佛是最后一次来向它提问。他仿佛是来试着窥探一个言语无法穿越的谜。安东尼奥尼在走出教堂以前凝视摩西像，那目光是如此悲怆！

---

1 《米开朗基罗的凝视》，安东尼奥尼在2000年拍摄的电影短片，又译为"安东尼奥尼的凝视"。"米开朗基罗"在电影里有双关涵义：既是导演安东尼奥尼的名字，又暗指影片中的摩西像的作者、文艺复兴大师米开朗基罗。这部短片展现了两个米开朗基罗的相互凝视和对话。

艾柯 我觉得，最近这几年我们似乎过分遗忘了安东尼奥尼。相比之下，费里尼自从去世以来威望越来越高。

卡里埃尔 他绝对是我最热爱的导演，尽管他并不总是得到恰当的评价。

艾柯 费里尼在他的一生中被看做一个不关心社会现实的做梦者。那是一个政治极端介入的年代。在他去世以后，人们重新审视他的电影，并重新加以定位。最近我在电视上看了《甜蜜生活》[1]。这是一部真正的大师之作。

卡里埃尔 一说到意大利电影，很多人首先会想到佩特洛·杰米[2]、吕基·康曼西尼[3]、迪诺·里西[4]和意大利戏

1　《甜蜜生活》（*La Dolce Vita*，1960），费里尼的经典代表作之一。

2　佩特洛·杰米（Pietro Germi，1914—1974），意大利电影导演，代表作有《意大利式离婚》等。

3　吕基·康曼西尼（Luigi Comencini，1916—2005），意大利电影导演，代表作有《面包、爱情和梦想》等。

4　迪诺·里西（Dino Risi，1916—2008），意大利著名的喜剧导演大师，曾获第59届威尼斯电影节终身成就奖。1974年拍摄的经典电影《女人香》获得意大利金像奖最佳导演奖和奥斯卡金像奖两项提名，并被好莱坞翻拍。

剧。我有点担心，人们渐渐会遗忘另一些人，当初他们在我们眼里就如半神。像米洛斯·福尔曼，他当初之所以想拍电影，是因为在少年时代看到意大利的新写实主义电影，尤其维托里奥·德·西卡[1]的电影。对他来说，电影一半是意大利电影，一半是卓别林。

艾柯 我们又回到刚才的假设。当国家过于强大时，诗歌缄默不语。当国家处于全面危机时，比如战后的意大利，艺术能自由地畅所欲言。新写实主义的伟大时代起源于意大利风雨飘摇之中。当时我们还没有进入所谓的意大利奇迹年代，也就是1950年代的工商业复苏。《罗马：不设防的城市》拍摄于1945年，《战火》在1947年，《偷自行车的人》在1948年。[2] 18世纪的威尼斯还处于商业强盛时期，但开始走向衰落。然而，那时有提埃波

---

1 维托里奥·德·西卡（Vittorio De Sica，1902—1974），意大利新写实主义电影代表人物，代表作有《偷自行车的人》等。
2 《罗马：不设防的城市》和《战火》都是罗伯托·罗西尼尼（Roberto Rossellini，1906—1977）的作品。前者描述罗马在1944年纳粹治下的情形，一般认为这是意大利新写实主义的第一部作品。后者记录了二战末期的意大利社会。

罗、加纳莱托、瓜尔第和戈尔多尼。[1]因此，当政权消竭时，有些艺术形式会被激发，有些不会。

卡里埃尔 在拿破仑处于权力顶峰的1800—1814年间，没有一本在法国出版的书还流传至今。当时的绘画非常壮丽，却也极其矫饰，雅克－路易·大卫[2]在《加冕仪式》以前还是伟大的画家，后来却变得平淡无味。他在比利时度过可悲的晚年，专画一些矫揉造作的古典题材。

没有音乐，没有戏剧。当时只重演高乃依的作品，拿破仑去剧院只能看《西拿》[3]。斯塔尔夫人被迫流亡。夏多布里昂遭到当局敌视，他的代表作《墓中回忆录》[4]一

---

1 提埃波罗(Giovanni Battista Tiepolo,1696—1770)、加纳莱托(Canaletto,1697—1768)、瓜尔第(Francesco Lazzaro Guardi,1712—1793)和戈尔多尼(Carlo Osvaldo Goldoni,1707—1793)均为18世纪威尼斯画家。

2 雅克－路易·大卫(Jacques-Louis David,1748—1825)，法国新古典主义画家。1797年拿破仑掌权后，任命他为首席宫廷画师。大卫为拿破仑创作了大量歌颂作品，包括这里说到的《加冕仪式》(*Le Sacre*)。1815年滑铁卢战争后，大卫逃亡到比利时布鲁塞尔。

3 《西拿》(*Cinn*)，高乃依的悲剧，创作于1641年。

4 《墓中回忆录》(*Mémoires d'outre-tombe*)，夏多布里昂的回忆录。作者通过自己的生平，并着笔复辟时期的政治、文化和社会生活，描绘了法国自大革命至19世纪上半叶的社会图景。内容包括与拿破仑相识与反目的叙述，退出政坛后与法王的关系的描写等。

开始是秘密写的，在他生前只发表一小部分，而且是很久以后。当时给他带来荣誉的小说如今都不堪卒读。这是一个过滤的奇特例子：他为众多读者写的东西被我们丢开，他单独为自己写下的作品，却让我们心醉神迷。

艾柯 彼得拉克也是如此。他一生都致力于撰写拉丁文巨著《阿非利卡》，并相信这会成为新的《埃涅阿斯纪》，给他带来荣耀。他只在没什么好做的时候才写十四行诗，而这些诗令他名垂史册。

卡里埃尔 我们讨论的过滤概念，让我不禁想起那些喝前要过滤的葡萄酒。现在有一种葡萄酒，就是"没过滤的"。它保留了所有残渣，有时带来一种非常独特的风味，一经过滤就被去除。也许，我们在学校里品尝了一种过度过滤的文学，以至于丧失了这种不纯粹的风味。

基尔歇的学问触及那个时代的一切认知领域。我们甚至可以说，早在网络产生以前，基尔歇就是某种形式的网络。他无所不知，而在他的知识里，一半正确，另一半则是谬误或空想——这种比例似乎接近我们在电脑屏幕上的搜索结果。

6

今天出版的每本书

都是后印刷初期珍本

透过书的历史，我们可以重建文明的历史。对于"书的宗教"来说，书不仅是海纳一切的容器，更是一只"广角镜头"，透过镜头我们可以观察一切，讲述一切，甚至决定一切。书是人类的起点和终点，是世界的场景，乃至世界的末日。

托纳克　你们二位不仅是作家，还是珍本收藏家，花了大量时间和金钱收藏极其珍稀也极其昂贵的书——如果忽略这一事实，这次交流恐怕会显得不够恰当。在这里，我很希望二位可以谈谈你们各自的收藏原则。

卡里埃尔　我先讲个故事，这是从彼得·布鲁克那里听来的。爱德华·戈登·克雷格，伟大的戏剧天才，英国戏剧界的斯塔罗宾斯基，在1939—1945年战争期间旅居巴黎，无所事事。他住在一所小公寓里，身上带的钱有限，肯定回不了英国。为了消磨时间，他常去光顾塞纳河边的旧书摊。他在那里偶然淘到并买下两样东西：一是督政府时期[1]的巴黎街道总目录，含某某人住在某某街几号的清单；二是同一时期某个挂毯商的记事本，这位家具商人在上面记录了自己的约会情况。

克雷格把总目录和记事本并排放在一起，花了两年

1　督政府时期（Le Directoire），指1795—1799年法国国民公会解散后督政府掌权时期。

时间，编成挂毯商的确切行程。依据这个手艺人在不自觉中提供的信息，他还原了督政府时期的爱情故事乃至通奸故事。彼得·布鲁克是克雷格的知交，了解这场调查的细枝末节。他告诉我这些重见天日的故事多么震撼人心。假设挂毯商从一个地方到另一个地方会见客人，路上只需一小时，但事实上却花了双倍时间，那么，很可能他在中途做了停留。那是为什么呢？

和克雷格一样，我喜欢拥有从前曾经属于另一个人的书。我尤其喜欢通俗文学，特别是17世纪初的法国滑稽怪诞文学。我刚才说过，这种文学如今往往叫人瞧不起。有一天，我找到一本这种类型的书，装订于督政府时期，也就是此书最初印发的两个世纪以后，全书采用摩洛哥皮革装订，就一本在那个年代相当廉价的书而言，这实在是太尊贵了。可见，在督政府时期，在无人关注这类文学的年代，有个人有着和我一样的爱好。

我本人在这些作品里发现了某种飘忽不定、无法预见的独一无二的节奏，某种喜悦，某种放肆，某种被古典主

今天出版的每本书都是后印刷初期珍本

义所放逐的词汇。法语被布瓦洛这类太监弄得支离破碎，他们带着所谓的"艺术"理论进行过滤。直到维克多·雨果才稍加重拾这一被没收的通俗财富。

另一个例子。我还有一本超现实主义作家雷内·克雷韦尔[1]的书，原本属于雅克·里戈[2]，由前者亲笔题字送给后者。这两个人最后都自杀了。他们的死神秘地相似。在我看来，这本书，只有这本书，在他们之间建立了某种隐秘的联系，幽灵一般，血淋淋的。

艾柯 我有一些书，它们的价值倒不在于内容本身或版本稀有，而更在于某个不知名的人在书中留下的记号，有时是用不同颜色的笔在文中画着重线，有时是在空白处做笔记……我有一本帕拉塞尔斯[3]的古书，因为写满批注，每一页都像缀着一圈蕾丝花边，读者的参与就

1　雷内·克雷韦尔（René Crevel, 1900—1935），法国超现实主义诗人，用煤气自杀。

2　雅克·里戈（Jacques Rigaut, 1898—1929），法国达达主义诗人。他曾在诗中写道"自杀必然是一种使命"（Extrait Littérature），并于三十岁时开枪自杀。

3　帕拉塞尔斯（Paracelsus, 约1493—1541），苏黎士人，中世纪医生，炼金术士。

像给印刷文本添枝加叶。我总是告诫自己说，在古老珍贵的书上画线写字是不对的——不过，想想在一本古籍里看到詹姆斯·乔伊斯的笔记吧……我的偏见立马消停。

卡里埃尔 有人声称存在两种书：作者所写的书和读者拥有的书。对我来说，一本书的拥有者也值得关注，这就是所谓的"藏品出处"（Provenance）——某书"属于某先生"。你若拥有一本来自马扎兰图书馆[1]的书，也就等于拥有国王的一小部分财产。19世纪巴黎的著名装订家们并不是什么书都装订。直至今日，一本由马里乌斯·米歇尔或特劳兹－波佐尼装订的书，[2]依然表明此书在他们眼里具有一定的价值。这有点儿像我刚才讲到的伊朗装订师，他认真阅读，并写下摘录。注意：你想请特劳兹－波佐尼装订一本书，有时要等上五年。

1　马扎兰图书馆（Bibliothèque Mazarine），法国最古老的公立图书馆，最早是红衣主教马扎兰（1602—1661）的私人图书馆，收藏了大量印刷术初期的珍本，包括一册古腾堡圣经。
2　马里乌斯·米歇尔（Marius Michel, 1846—1925）和特劳兹－波佐尼（Trautz-Bauzonnet）都是法国19世纪著名的书籍装订家。

今天出版的每本书都是后印刷初期珍本

艾柯 我有一本印刷术初期的《女巫之槌》[1]的珍本，这部恶名昭彰的猎巫手册，用于追捕和审判女巫，由某个"带角的摩西"装订，也就是某个犹太人，只为西多修道会工作，并在每本装订好的书上盖上带角摩西形象的图章（在当时，也就是15世纪末期，装订者署名还非常罕见）。这里面自有一番故事。

卡里埃尔 你通过《玫瑰之名》已经清楚地表明，透过书的历史，我们可以重建文明的历史。对于"书的宗教"[2]来说，书不仅是海纳一切的容器，更是一只"广角镜头"（grand angle），透过这个镜头我们可以观察一切，讲述一切，甚至决定一切。书是人类的起点和终点，是世界的场景，乃至世界的末日。我想再回来讲一讲伊朗，

---

1 《女巫之槌》（*Malleus Maleficarum*），天主教修士兼宗教审判官 Heinrich Kraemer 和 Johann Sprenger 在 1486 年写下的女巫条约，1487 年在德国首版。此书反映并加深了中世纪欧洲社会对女巫的迫害和成见。

2 "书的宗教"（religions du Livre），最早是伊斯兰教的说法，"书"专指《圣经》，"书的宗教"也指伊斯兰教之外以《圣经》为基础教义的宗教，也就是犹太教和基督教。《可兰经》中有 Ahl al-Kitab（书的教徒）之说，专指犹太教徒和基督徒。这个表达法如今用来通称以某部圣书为基础教义的宗教，尤指基督教、犹太教和伊斯兰教。

摩尼[1]的国度，这位摩尼教的创始人，基督教的叛徒，被祆教徒视为同门。摩尼对耶稣的最大批评，恰恰在于没有著述。

艾柯 有过一次，他在沙上写字。[2]

卡里埃尔 啊！摩尼说，要是耶稣写书而不把这个工作留给别人就好了！那将是何等魅力，何等权威，何等无可争议的书写呵！不过，好吧，他更喜欢言说。那时的书还不是我们今天的书，耶稣也不是维吉尔。说到书的老祖宗，古罗马的卷轴，我想再提一提技术迅速发展所要求的适应问题。这里照旧存在着一个矛盾。我们在电脑屏幕上把一个文件往下拉，是不是有点儿像古人阅读卷轴的做法，把卷在木轴上的书卷展开？在维也纳的一些老咖啡馆里还能见到。

1　摩尼（Mani，210—约276），生活于波斯帝国的安息王朝，原属灵知派的某个分支，后在波斯和印度传教，创立了一般认为源自古波斯祆教的摩尼教。
2　艾柯指《约翰福音》（8：6和8）："耶稣弯着腰用指头在地上画字。"

今天出版的每本书都是后印刷初期珍本

艾柯 唯一的差别是，卷轴不像在电脑上那样上下拉动，而是朝侧边摊开。比如三大福音书，按栏并排列出，读者展开卷轴，从左到右阅读。卷轴往往很重，要摊在桌上。

卡里埃尔 或者让两个奴隶负责摊开卷轴。

艾柯 别忘了，在圣·安布瓦斯[1]以前，人们都高声阅读。他是第一个默读的人。当时这让圣·奥古斯丁困惑不已。他们为什么要高声阅读？你若收到一封手写的信，字迹潦草，有时就不得不高声把它读出来。我自己在收到法语写的信时就常常要高声阅读。在这个世界上，法国人大概是最后一批亲手写信的人。

卡里埃尔 我们真的是最后一批吗？

艾柯 是的。这是某种教育的承传，我丝毫不怀疑。

---

1 圣·安布瓦斯（Saint Ambroise），374—397年间米兰主教。他使圣·奥古斯丁皈依天主教。

事实上，这也是我们从前得到的教诲：一封机器打出的书信属于商业信函范畴。在其他国家，一般认为信要清楚好读，字迹要容易辨认，而电脑就是最好的助手。法国人却不是这样。他们继续寄出一封封如今再也无法辨读的手写信。除了法国这一罕见特例以外，其他地方的人不仅丢掉了亲手写信的习惯，也丢掉了读手写信的习惯。相比之下，从前的排字工人可以辨认世界各地的人的书法。

卡里埃尔 如今唯一还保持手写的东西——虽然并不总是如此——是医生的药方。

艾柯 社会发明药剂师来辨认这些药方。

卡里埃尔 手写信消失将造成一整个行业的消失。笔迹学，代人写信，手稿收藏者和商人……使用电脑让我怀念草稿，尤其那些对话场景的手稿。我怀念涂抹的杠子，删改的字句，最初的混乱，向各个方向发射的箭头，它们标志着生活、运动和依然困惑的探索。还有就是：

今天出版的每本书都是后印刷初期珍本

书稿的整体视觉。我用六页纸写一幕电影场景，喜欢把写好的六页纸放到面前，衡量节奏，用眼睛估算可能的长度。电脑做不到这一点。我不得不把它打印出来放到面前。你现在还手写什么东西吗？

艾柯　给秘书的便条。但不仅如此。我写一本新书总是从做手写笔记开始。我会做一些草稿、图解，用电脑实现这些工作太麻烦。

卡里埃尔　草稿的问题让我突然想起博尔赫斯的一次拜访，在 1976 年或 1977 年。我刚在巴黎买了房子，还在装修，一片狼藉。我去酒店接博尔赫斯。我们一起到我家，穿过院子，我挽着他，因为他几乎完全失明了。我们上了楼梯。我觉得有必要为屋里的杂乱道歉，话一出口就意识到自己的糊涂，因为他根本就看不见。他回答说："我理解。这是草稿。"一切在他那里都是文学，即便是一间装修中的屋子。

艾柯　说到草稿，我想起一个很有启发性的现象，与新技术所造成的文化变更有关。我们使用电脑，但我们像疯子一般打印文件。一篇十页的文章，我要打印五十次，我因此耗费了十二株以上的木材。在电脑进入我的生活以前，我可能只需要十株。

意大利语文学家吉安弗朗科·孔蒂尼[1]实践过一种理论，叫"草稿"（scartafacci）评论，也就是研究一部作品形成定稿以前的不同阶段。倘若用电脑写作，这种研究如何进行呢？和我们所预期的相反，电脑不会删减各种中间步骤，而是大大增多。在写《玫瑰之名》的时候，我还没有文本处理工具，要请人打出我加工之后的稿子。然后，我再次修改稿子，交给打字员。只是，我们不能没完没了地这么干下去，到了某个时刻，我必须把手中的书稿当成定稿。我不能再修订下去。

相反，有了电脑，我打印，在纸上修订，誊改到电脑，再次打印。诸如此类。换言之，我增加了草稿次数。同一篇文章我们甚至可以有两百个版本。你把全部资料交给语文学家。可这不是完整的资料。为什么？还有一

1　吉安弗朗科·孔蒂尼（Gianfranco Contini，1912—1990），意大利文学评论家，语文学家。

些"影子版本"。我用电脑写出版本 A，打印出来，进行修改。这就成了版本 B，再把它誊改到电脑。然后，我再次打印出来，手上就有了版本 C（未来的语文学家将会如此认为），但事实上，它是版本 D。因为，在誊改到电脑的过程中，我肯定还会自由地做出修改。在版本 B 和版本 D 之间，在我改在纸上的文章和我誊改到电脑的文章之间，还存在着一些修改，这个就是影子版本，也就是版本 C。接下来每个修改阶段都是如此。因此，有多少次从屏幕到纸上的往返，语文学家们就必须重建多少个影子版本。

卡里埃尔　十五年前，有个美国写作学校反对使用电脑，理由是不同完成状态的文本一旦出现在屏幕上，就像已经打印出来一般，具有某种真实的神圣性。这样一来就很难批评和修改这些文本。屏幕赋予了它们出版物的权威和地位。相反，另一个学校则跟你一样认为，电脑提供了无穷无尽的修改可能。

艾柯　当然啦，我们在屏幕上看到的文本已经是另一个人的文本，是完全可以大肆批评的对象。

托纳克 让－克洛德，你刚才讲到书以前的书，也就是莎草抄本、卷轴等。显然这是书的历史上最不为我们所知的部分。

艾柯 从前在罗马，除了图书馆，还有一些书店卖卷轴书。比如有个收藏者去书店预订一卷维吉尔的作品，书店老板让他十五天以后再来，有人将专门为他把书抄写一份。也许书店里会库存几卷最常被订购的书。我们对书籍的早期出售情况不甚了解，即便在印刷术发明以后。最早印刷的书不是装订好了再出售。当时是先买下印好的纸张，再拿去让人按要求装订。书籍装订的多样性，如今已成为收藏珍本最大的乐趣之一。对于收藏者和古董商而言，装订可以给两册内容一模一样的书带来极大的差异。我想，出售装订好的书，最早是在 17 世纪和 18 世纪。

卡里埃尔 这也就是所谓的"出版商装订本"。

今天出版的每本书都是后印刷初期珍本

艾柯 我们可以在新贵们的书架上看到这类书，一般由室内设计师替他们到旧书商那里按米买下。还有一种方法可以让每本印刷的书籍与众不同：不要印刷每页起首的大写字母，交给彩饰画师描绘出来，这样买书的人会觉得他拥有的书独一无二。当然，这都是手工活。插画书也一样，每幅木版插画都可以重新染色加工。

卡里埃尔 有一点必须强调，书在从前极其昂贵，只有国王、贵族、富有的银行家才有能力拥有书。我从书架上取来这本印刷初期的小书，它刚被制作出来时的价钱一定比今天更高。这书的每一页都印在上等犊皮纸上，也就是初生小牛的皮，想象制作一本这样的书必须杀死多少小牛吧！雷吉斯·德布雷[1]曾说过，倘若古罗马人和古希腊人是素食者，那么历史将会变成什么样？我们将不会有从古代遗留下来的羊皮书，也就是写在经过鞣制、能长久保存的动物皮上的书。

---

1 雷吉斯·德布雷（Régis Debray，1940— ），法国思想家、作家、媒介学家。

不过，除了这些昂贵的书，自 15 世纪以来还有流动叫卖的书，未装订，纸质极差，一本卖几分钱。流动商贩背着这些书穿行整个欧洲，正如有些学者穿过英吉利海峡或越过阿尔卑斯山到某个意大利修道院，为了一本他们急需参阅的特别珍稀的书。

艾柯 我们都知道 10 世纪的教皇西尔维斯特二世，也就是德·奥里亚克[1] 的有趣故事。他听说有人拥有一份卢卡努斯[2] 的《法尔萨利亚》抄本并准备脱手，就答应以一个皮制的浑天仪交换。他收到抄件，发现缺了最后两卷。[3] 他不知道卢卡努斯没有写完就自杀了。于是，作为还击，他只寄出浑天仪的一半。德·奥里亚克不仅是学者，也

---

1 德·奥里亚克（Gerbert d'Aurillac, 946—1003），999—1003 年任教皇，即西尔维斯特二世（Silvester II）。

2 卢卡努斯（Marcus Annaeus Lucanus, 39—65），古罗马诗人，作品只有史诗《法尔萨利亚》（*Pharsale*，一称《内战记》，共十卷，未完稿）传世，描写公元前 49 至 47 年恺撒与庞培之间的内战，其中第九章第 985 行讲到恺撒在法尔萨利亚战胜庞培，书名由此而来。由于诗中包含共和思想，在法国 18 世纪资产阶级革命时期大受欢迎。

3 《法尔萨利亚》本该有十二卷，但卢卡努斯被判刑自杀时，只写到第十卷。

今天出版的每本书都是后印刷初期珍本

是收藏家。10 世纪往往被人描绘成尼安德特人 [1] 时期，其实不然。这就是一个证明。

卡里埃尔　同样，我们也不应想象一个没有书籍的非洲大陆，仿佛书籍是欧洲文明与众不同的标志。通布图 [2] 图书馆的藏书一直在不断增加，自中世纪以来，前去拜访马里黑人学者的学生们都随身携带书籍作为盘缠，并把书留在当地。

艾柯　我参观过这个图书馆。在有生之年去通布图，一直是我的梦想之一。在这一点上，我想讲个故事。故事似乎与我们的主题无关，但很能说明书籍的力量。我在马里有机会了解多贡人的国度，马塞尔·格里奥勒 [3] 在著名的《水神》中描绘过这个世界。有些爱挖苦的人说

1　尼安德特人（Néandertaliens），约十二万到三万年前冰河时期的欧亚人种。这里的意思是"古板落后"。
2　通布图（Tombouctou），马里城市，旧名"廷巴克图"（Timbuktu），16 至 18 世纪非洲文化中心，有众多伊斯兰学校和图书馆，据说最多时共有一百二十个图书馆，藏书丰富，代表西非文明的最高成就。
3　马塞尔·格里奥勒（Marcle Griaule，1898—1956），法国人类学家，以其多贡民族的研究著称。艾柯提到的《水神》（*Dieu D'eau*）是 1948 年的一部与当地土人的对话录，揭示了多贡人信仰思想的结构。

格里奥勒捏造了许多东西，但现在去问一个老多贡人的宗教信仰，他所说的会和格里奥勒所写的如出一辙——换言之，格里奥勒的著作已成为多贡人的历史记忆……你一到那里（不如说"那上边"[1]，一座不可思议的悬崖之上），就会被一群孩子团团围住，向你要各种各样的东西。

我问其中一个孩子是不是穆斯林。他回答我："不，我是泛灵论者。"只是，一个泛灵论者在自称是泛灵论者以前，必须在高等神学院进修四年。原因很简单，泛灵论者不可能知道自己是谁，正如尼安德特人当初也不可能知道他们是尼安德特人一样。一种原本是口传的文化，从此却被书籍所定义。

回到古籍上。我们解释了印刷书籍更多是在有学问的圈子里流通，但比起此前的古抄本或手稿，它们的传播范围已扩大很多。印刷术的发明不容置疑地代表了某种真正意义的民主革命。倘若没有印刷术的援助，我们简直不能想象新教改革和《圣经》的广泛传播。16 世纪，

1　法语的"那里"（là-bas）字面意思是"那下边"，但多贡人住在邦贾加拉悬崖之上，所以艾柯诙谐地改说成 là-haut，也就是"那上边"，一般指天上和神所在之处。

威尼斯印刷商人阿尔多·马尼斯[1]已有出版便于携带的袖珍书的伟大构想。就我所知，人类从未发明过比这更有效的传播信息的方式，即便具有再多千兆存级存储量的电脑也需要电源。书没有这个问题。我再重复一次：书就像轮子，一旦造好就没有改善的余地。

卡里埃尔　说到轮子，有一个巨大的谜有待专家解答。在哥伦布时代以前，美洲大陆的任何文明都不曾发明轮子，为什么？

艾柯　也许是因为大部分美洲文明栖息在高地，轮子不可能与羊驼媲美。

卡里埃尔　但墨西哥有辽阔的平原。这是个奇异的谜，他们在制作一些玩具时并没有忽略轮子的用途。

1　阿尔多·马尼斯（Aldo Manuce, 1449—1515），意大利印刷商人，书商。他对人文主义思想（尤其古希腊文学）在欧洲的传播起了关键性的作用。

艾柯　你知道，公元 1 世纪，亚历山大城的希罗[1]实现了无数不可思议的发明，但仅限于玩具。

卡里埃尔　据说，他甚至造出一座神庙，每扇门都能自动打开，就像我们今天的车库。这是为了让诸神享有更多的威望。

艾柯　这仅仅是因为，有些工作交给奴隶们去做，要比搞这些发明创造容易得多。

卡里埃尔　墨西哥离海洋至少四百公里，从前有一些驿站，专供奔跑运送鲜鱼的人停靠，这些鱼必须当日出现在皇帝的餐桌上。每个送鱼人要全速奔跑四五百米，然后把任务交给下一位。这证实了你的假设。

回到书籍的传播，你所说的这个完美的知识之轮。不要忘了，在 16 世纪，甚至更早的 15 世纪，欧洲正处于混乱年代，知识分子之间保持频繁的通信往来。他们

1　亚历山大城的希罗（Héron d'Alexandrie，10—70），埃及托勒密王朝时期的数学家、工程师、实验家。

用拉丁文写信。在那些艰难的岁月里，书籍处处轻易地得到传播，它是一种挽救文化的工具，正如在古罗马帝国末期，有些知识分子隐退到修道院里，抄写一切他们可以从正在衰败的文明中挽救出来的东西，他们感觉到它将要分崩离析。这种现象发生在所有文明陷入危难的时代。

可惜的是，没人采取这一方法来挽救电影。你知道在美国出版的一本书吗？书名很漂亮，叫《消失的电影摄影集》。那些电影只剩几张剧照，我们必须从这些剧照出发，重新建构电影本身。这有点儿像那个伊朗书籍装订师。

不仅如此。把电影改编成小说，就是说把电影提炼成带插图的书，这种做法早已存在，可以追溯到默片时代。这种改编自电影的书有一部分保存了下来，而电影本身却早已消失。书比电影更长久，尽管书的灵感来自电影。这么说来，电影也有考古学。最后，我想问你一个问题，我自己始终没有找到答案：当年人们能否走进亚历山大图书馆，坐下来阅读一本书，就像我们今天走进国家图书馆？

艾柯　我也不知道答案。我猜我们没法知道。我们必须先弄清楚当时有多少人识字。我们也不知道亚历山大图书馆藏有多少卷轴。我们对中世纪图书馆了解更多，其藏书量总是比我们想象的要少很多。

卡里埃尔　说说你的藏书吧。你有多少印刷初期珍本？

托纳克　你们多次提到"印刷初期珍本"，我们知道这个词的大概意思，也就是古版书。不过能不能再具体一点？

艾柯　有个意大利记者，算得上是有学识的人，有一天在报道意大利某个图书馆时说，馆内藏有 18 世纪的印刷初期珍本！人们往往以为，印刷初期珍本就是带小彩画装饰的手抄本……

卡里埃尔　所有在印刷术发明之日直到 1500 年 12 月

今天出版的每本书都是后印刷初期珍本

31 日这一期间里印刷的书都叫"印刷初期珍本",拉丁文为 incunabula,即印刷书籍史的"摇篮",包含所有 15 世纪印刷的书籍。一般认为,古腾堡的四十二行本圣经印刷年份为 1452—1455 年之间(可惜没有任何年份说明,也就是古本最后几页一般都会有的印刷相关信息),从这个日期起就是"摇篮"时期,一般做法是截止到 1500 年最后一天,因为 1500 年依然属于 15 世纪,正如 2000 年依然属于 20 世纪。顺便说一句,在 1999 年 12 月 31 日庆祝 21 世纪到来,这是完全不恰当的做法。我们本该在 2000 年 12 月 31 日庆祝,那才是真正的世纪末。我们在前一次会谈时也讨论过这些问题。[1]

艾柯 数数指头就成了,不是吗? 10 属于第一个十年之内。因此,100 属于百年之内。必须过完第 1500 年(15 乘 100)的 12 月 31 日,才能进入下一个百年。随意限定这么一个"印刷初期珍本"的日期,纯粹是为附庸

---

1 原注:参见 *Entretiens sur la fin du temps*(《关于时间终末的对话录》),对 话 者:Jean-claude Carrière, Jean Delumeau, Umberto Eco, Stephen Jay Gould;组织者:Catherine David, Frédiéric Lenois JeanèPhiippe de Tonnac, Pocket, 1999。

风雅。一本 1499 年印刷的书，与一本 1502 年印刷的书并不会有什么不同。古董商们为了卖出一本不幸在 1501 年印刷的书，巧妙地称之为"后印刷初期珍本"（post-incunable）。照这么说来，就连我们的对话录也算得上一本后印刷初期珍本。

现在回答你的问题：我只有三十来本印刷初期珍本。这里面当然包括那些收藏者"无法绕开的"（如今人们都喜欢这么说），比如《寻爱绮梦》[1]、《纽伦堡编年史》[2]、费西诺[3] 翻译的《秘义集成》、乌贝蒂诺[4] 的《耶稣被钉的生命

---

1 《寻爱绮梦》（*Hypnerotomachia Poliphili*），又译《波利菲勒斯的梦》。Hypnerotomachia 由三个希腊词组成：Hypnos（梦），ero（爱欲），mache（战争），也就是"爱欲战争的梦"。这本书 1467 年创作，1499 年在威尼斯印刷，被称为"文艺复兴时代最美和最奇特的书"。

2 《纽伦堡编年史》（*Chroniques de Nuremberg*），纽伦堡医学家、人文主义思想家 Hartmann Schedel（1440—1514）的代表作，讲述了世界从诞生到 1490 年的历史。1493 年印刷出版，带有精美彩图（出自丢勒的老师 Michael Wohlgemuth 之手），是最重要的德国印刷初期珍本之一。

3 费西诺（Marsile Ficin，1433—1499），文艺复兴早期的意大利哲学家，新柏拉图主义者。他做了大量柏拉图对话的翻译、注释，以及新柏拉图主义哲人（如普罗提诺）的翻译。

4 乌贝蒂诺（Ubertino da Casale，1259—1330），意大利灵修学家，方济各会教士，这里提到的《耶稣被钉的生命树》（*Arbor Vitae Crucifixae Jesu Christi*）是他的代表作。艾柯的《玫瑰之名》中有一个人物以他为原型。

今天出版的每本书都是后印刷初期珍本

树》——他成为《玫瑰之名》中的一个人物，等等。我的收藏很有倾向性，是"分类为符号学、奇趣、空想、魔幻、圣灵的藏书"[1]，也就是涉及神秘学和假科学的藏书。我收藏了在地球运动上犯了大错的托勒密的书，但没有伽利略的，虽然他做出了正确结论。

卡里埃尔 那么，你一定有阿塔纳修斯·基尔歇[2]的作品，这个人具有你所喜欢的百科全书精神，并且还提出了不少谬误观点……

艾柯 我有他的全部作品，除了最早的一本《磁学》。这是一本小书，不带插图，在市场上很少见。很有可能出版在基尔歇成名之前，印数非常少。这本书实在无趣，以至于没有人会小心保存它。我还有罗伯特·弗拉德和

1　此处原文为意大利语：Bibliotheca Semiologica Curiosa Lunatica Magica et Pneumatica。

2　阿塔纳修斯·基尔歇（Athanasius Kircher，1602—1680），17世纪的德国通才，是典型的"百科全书式"的学者，一生著述繁多，有《磁学》（*Ars magnesia*，1631）、《中国图说》（*China momumentis illustrata*，1667）、《世界明暗大艺》（*Ars Magna Lucis et umbrae in mundo*，1645—1646）、《埃及的俄狄浦斯》（*Œdipus aegyptiacu*，1652）、《诺亚方舟》（*Arca Noe*，1675）、《巴别塔》（*Turris Babel*，1679）等。

其他异人怪杰的作品。

托纳克 你们能不能再讲一讲这个基尔歇？

卡里埃尔 他是17世纪德国耶稣会教士，长期生活在罗马。他著有三十来本书，内容无所不包：数学、天文学、医学、中国、拉丁世界、火山学，等等。他有时也被视为埃及学的创始人，尽管他认为象形文字近似于象征符号的想法完全错了。

艾柯 但无论如何，商博良[1]进行研究时不仅依靠罗塞塔石碑，也参考基尔歇收集的文本。[2] 1992年，我在法兰西公学开设一门关于寻找完美语言的课，其中一节课讲到阿塔纳修斯·基尔歇及其对象形文字的阐释。那一

1　商博良（Jean-François Champollion，1790—1832），法国历史学家、语言学家、埃及学家，他是第一个揭开古埃及象形文字的结构之谜并破译罗塞塔石碑的学者，因而又被视为埃及学的创始人。
2　基尔歇在尝试破译圣书体时，曾在罗马城中立起一些刻有圣书体的方尖塔，并收集了大量的资料，这在他的两部著作 *Obeliscus Pamphilius*（1650）和 *Sphinx Mystagoga*（1676）中均有记载。商博良在破译古埃及象形文字时运用了他的研究成果。

天，联络员告诉我："教授先生，您要小心。索邦大学所有的埃及学研究专家全到场了，就坐在第一排。"我当时想我完了。我很小心，丝毫没有提到象形文字，只介绍了基尔歇的观点。我发现，埃及学研究者们从未关注过基尔歇（他们只听说那是个疯子），他们听得很开心。我因此有机会结识了埃及学家让·约约特[1]，他向我提供了一份关于象形文字解码失而复得问题的珍贵的参考文献。一种语言的消失，比如古埃及人的语言，这样的例子尤其与我们今天息息相关，因为我们似乎处于世界文明传承的一个新的危难时期。

卡里埃尔　基尔歇还最早出版了一部有关中国的百科全书，《中国图说》。

艾柯　他最早发现，中国的表意文字具有某种符号的起源。

1　让·约约特（Jean Yoyotte，1927—2009），法国埃及学家。

卡里埃尔　别忘了，他还写过令人赞叹的《世界明暗大艺》。书中描述一种前所未有的装置：眼睛透过转盘看见无数活动的小镜像。这使他成为电影理论的创始人。据说他把幻灯的使用引入欧洲。他的学问触及那个时代的一切认知领域。我们甚至可以说，早在网络产生以前，基尔歇就是某种形式的网络。他无所不知，而在他的知识里，一半正确，另一半则是谬误或空想——这种比例似乎接近我们在电脑屏幕上的搜索结果。另外，我们喜欢他，还因为他想象出一支由猫组成的管弦乐队（只需拉猫的尾巴就能表演），一台清洗火山口的机器。他还站到由一群耶稣会小教士拉着的大篮子里，在维苏威火山的浓烟中慢慢下沉。

但基尔歇受到收藏者们的追崇，首先还在于他的著作美得不可言传。我想，我们两个都算是基尔歇的仰慕者，至少是他那些版本极其精美的著作的仰慕者。我也只缺一本，但无疑是最重要的一本，《埃及的俄狄浦斯》。据说这是世界上最美的书之一。

艾柯　对我来说，最有趣的莫过于《诺亚方舟》，里面有折成好几层的插图，剪裁成方舟的轮廓，所有动物都在上面，包括藏在船舱深处的几条蛇。

卡里埃尔 还有表现洪水的精美插画。别忘了《巴别塔》。他在书中通过精妙的算术指出，巴别塔没有建成，是因为倘若它不幸建成，从其高度和重量来看，地球就不得不绕着塔旋转。

艾柯 你看到书里的插图，地球在旋转，塔从地球的一侧水平挺出，就像是地球的阳具一般。绝妙无比！我还有基尔歇的学生卡斯帕·史考特[1]的著作，他也是德国耶稣会教士。这里不再一一列举我的收藏。有意思的是，驱使收藏者去收集这类或那类珍本的动机何在？为什么我们两人都收藏基尔歇的著作？在一本古籍的选择中隐藏着许多思考。首先可能是对书籍本身的纯粹热爱。有的收藏者拥有19世纪的书页尚未裁切开的书，并且永远也不会裁开这些书页——他们看重保护书本身，确保

1　卡斯帕·史考特（Gaspar Schott，1608—1666），德国科学家。

书未经使用，崭新如初。有的收藏者只对装订感兴趣，他们毫不关心自己所拥有的书的内容。有的收藏者对出版者感兴趣，比如收集马尼斯印刷的书。有的收藏者只对一部著作感兴趣，比如拥有《神曲》的全部版本。有些收藏者仅限于一个领域：18世纪法国文学。还有一些收藏者围绕一个主题来建构自己的藏书。我是最后一种：正如我刚才所说，我收藏一切探讨虚假、荒诞和神秘学的书，以及用虚构出来的语言写的书。

卡里埃尔　这种选择能否说是不同寻常呢？

艾柯　我迷恋虚假、欺骗和愚蠢。这一点很像福楼拜。我和你一样喜爱愚蠢荒唐的事。在《虚假战争》[1]中，我讲到参观美国的艺术复制品博物馆，展出品包括一座蜡质的米洛的维纳斯，双臂完整。[2]在《翻译的局限性》

1　《虚假战争》(*Guerre du faux*, 1985)，艾柯作品的法文本，以三个意大利原版为基础的选集：*Il costume di casa* (1973)；*Dalla periferia dell'impero* (1977)；*Sette anni di desiderio* (1983)。
2　米洛的维纳斯像是公元前130年的作品，今藏于巴黎卢浮宫，又称为"断臂维纳斯"。

今天出版的每本书都是后印刷初期珍本

中，我建立了一种虚假和造假者的理论。在我写过的小说里，《福科摆》取材于那些狂热地相信一切的神秘术士，《波多里诺》的主人翁是一个天才的造假者，并且还乐善好施。

卡里埃尔 这可能也因为，虚假是走向真实的唯一可能的道路。

艾柯 虚假对任何建立真实理论的意图提出质疑。倘若有可能比较伪作和启发它的真本，那就可能找到一种辨认真假的方法。更困难的在于证明一件真本是"真本"。

卡里埃尔 我不是一个真正的收藏者。我一生买书仅仅因为喜欢。在藏书室里，我最喜欢不协调，不同类型的书放在一起，有时甚至相互对抗，打起架来。

艾柯 我的米兰邻居只收藏那些他觉得好看的书，

这和你有点像。他可以同时拥有一本维特鲁威[1]的书，一本《神曲》的印刷初期珍本和一本现代艺术家画册。我完全不是这样。我说到我对基尔歇的迷恋。为了拥有他的全部著作，为了得到《磁学》这本在我的收藏里肯定最不起眼的书，我情愿倾家荡产。我的邻居和我一样拥有《寻爱绮梦》这本世上最美的书。我们常开玩笑，在我们住的对面是史佛萨古堡，著名的特里维齐亚纳图书馆就在里面，馆内藏有第三本《寻爱绮梦》。毫无疑问，这是全世界《寻爱绮梦》最密集的地方，就在方圆五十米内！我说的当然是1499年初版的印刷初期珍本，而不是后来的版本。

卡里埃尔　你还在继续丰富你的藏书吗？

艾柯　从前我为了觅得奇本不惜四处奔走。现在我出门有限。我看重品质。或者说我只求填补某个作者的"全集"（opera omnia）中的空缺。比如基尔歇。

1　维特鲁威（Marcus Vitruvius Pollio，80 BC—25 BC），古罗马工程师、建筑师。

卡里埃尔　收藏者的情结往往是把一个珍稀的物件拿在手中，而不一定非要保存它。在这一点上，我知道一个绝妙的小故事。巴西文学的奠基作《瓜拉尼人》大约在1840年出版于里约热内卢，据说当今仅存两册。一册在博物馆，另一册还在某处游荡。我的朋友，巴西大收藏家何塞·曼德林听说该书归巴黎某某人所有，并准备转让。他从圣保罗乘飞机到巴黎，下榻在丽兹酒店[1]，以便会见这位欧洲中心的收藏者——他所垂涎的书的主人。两个人关在丽兹酒店的房间里协商了整整三天。三天艰难的协商，最终达成协议，书归了何塞·曼德林。他马上坐飞机回家。在飞机上，他从容地翻阅刚刚到手的书，有点儿气恼地觉得书本身并没什么特别，却让他如此期盼！他翻来翻去，寻找罕见细节和独特之处，然后就放到一边。到了巴西，他把书忘在飞机上。他得到了东西，这东西立即就丧失全部重要性。法航乘务人员奇迹般地发现并保管了这本书。曼德林还是拿回了书。他说他最终并不真的在乎。我可以

1　丽兹酒店（Hôtel Ritz），豪华酒店，位于巴黎旺多姆广场，社会名流与艺术家趋之若鹜之地。

证实这种说法：我曾经不得不清理掉一部分藏书，当时根本不觉得有多痛苦。

艾柯　我也有类似的经历。真正的收藏家关注寻觅超过拥有，犹如真正的猎人首先专注于捕猎，然后才可能是烹煮并享用他所捕到的猎物。我认识一些收藏家（请注意，人们什么都收藏，书、邮票、明信片、香槟酒瓶塞……），他们一生致力于集齐一套收藏，可一旦收藏齐全，他们要么出售，要么捐给某个图书馆或美术馆……

卡里埃尔　我和你一样收到大量的书店目录。大部分是书目的目录，一般又叫"书之书"（Books on books）。有些拍卖会只卖书店目录。这些目录最早可以追溯到18世纪。

艾柯　我常常被迫丢掉这些目录，其中有一些往往是真正的艺术品。只不过，放一本书的地方也有代价，这一点我们以后再谈。现在我把所有目录带到大学里，我在学校给未来的编辑们开了个硕士班。我只把有限的

今天出版的每本书都是后印刷初期珍本

155

几份留在家里，要么是我关注的主题，要么这些目录实在太漂亮。有些目录不是面向真正的珍本收藏者，而是针对想要开发古籍市场的新贵。在这种情况下，目录更像是画册。若不是免费提供，这些目录会花一大笔钱。

托纳克　我忍不住想问你们，这些印刷初期珍本到底值多少钱？拥有几本珍本是不是就能使你们成为富有的人？

艾柯　看情况。有些印刷初期珍本如今的价格高达上百万欧元，有些只要几百欧元就能买到。收藏者的乐趣还在于找到一本罕见的珍本，并只花一半或四分之一的钱买下。现在珍本市场就像一张驴皮（peau de chagrin）[1]，这种情况也越来越少，但做成几笔好交易也不是完全不可能。有时候，珍本收藏者甚至可以在某个以要价高昂出名的书商那里做成合算的买卖。在美国，一本拉丁文

---

[1] 语出巴尔扎克的《驴皮记》（1831），主人公拉斐尔得到一块具有神奇力量的驴皮，能满足人的任何愿望，但驴皮随着愿望的实现不断缩小。chagrin 在语法里除了指驴皮，还指一种悲伤抑郁的情景。

的书，即便极其珍稀，也不会吸引一般收藏者，因为他们不读外文书，更不用说拉丁文，特别是当你能在主要的大学图书馆里找到这类书时。打个比方，他们更感兴趣的是一本马克·吐温的初版（为此不惜任何代价）。有一次，在纽约的克劳斯[1]古董书店（这家店历史悠久，可惜前两年关门了），我找到弗朗西斯科·乔治[2]的《和谐世界》，一本1525年印刷的美妙无比的书。我曾在米兰看到一本，但当时觉得太贵。由于大学图书馆已藏有此书，一般的美国收藏者对拉丁文书又毫不感兴趣，我在克劳斯古董书店只花了米兰价钱的五分之一就买下它。

我在德国做过另一笔好买卖。有一回，在某场拍卖会的目录上，我在成千上万个按类划分的书名里纯属偶然地浏览起"神学类"书单。突然，我看到一个书名，古德曼的《神性威严的启示》[3]。古德曼，古德曼……这个名字我似乎在哪里看过。我很快查到，古德曼被视为圣

---

1 克劳斯（Hans Peter Kraus，1907—1988），出生于奥地利，定居美国，被称为20世纪下半叶最成功也最重要的珍本交易商。

2 弗朗西斯科·乔治（Francesco Giorgi，1466—1540），威尼斯方济各会教士，1525年著有《和谐世界》（De harmonia mundi totius）等。

3 《神性威严的启示》（Offenbarung göttlicher Mayestat），其作者古德曼（Ægidius Gutmann，约1490—1584）为神秘学家。

母赞歌也就是玫瑰经的创始人，但他的书在最近三十年间从未出现在任何神学类的拍卖书目里。这本书的起拍价相当于一百欧元。我想感兴趣的收藏者很有可能不会发现它，因为一般说来它应该归在"神秘学类"。拍卖会在慕尼黑举办。我写信给我的德国编辑（他就在慕尼黑），请他帮忙竞拍，但最高价格不要超过两百欧元。他以一百五十欧元竞拍成功。

这本书不仅是绝对的珍本，而且在每一页的空白处都有红、黑、绿三色哥特字体的笔记，这些笔记本身就是一件艺术品。然而，除了这些幸运的例子以外，古籍拍卖近几年被炒作得不能再热，这个市场上出现了一些购买者，他们对书一无所知，仅仅把购买古籍当成一种好的投资方式。这完全错误。你若花一千欧元买国库券，不久以后只需打个电话给银行，就可以用同样的价钱或一点差价卖出。但你若花一千欧元买一本书，不可能第二天再把它以一千欧元卖出。书店也要抽取一部分利润：书店的目录、店面等等都是成本……何况，碰上个不厚道的书商，就会想尽办法少开给你市场价的四分之一。还有，找到合适的买主需要时间。你很有可能要等到死后把书投放到佳士得拍卖行[1] 才能赚到钱。

五六年前，有个米兰的古董书商向我展示了一册托勒密的印刷初期珍本，漂亮极了。可惜他当时开价相当于十万欧元。太贵了，至少对我来说。我若是买下，很有可能再也无法以原价卖出。然而，三星期以后，在一场公开拍卖会上，一册类似的托勒密的书以七十万欧元成交。有些所谓的投资商故意把价格抬高了。从那以后，这本书每次重新出现在拍卖目录里，我都会去查看，书价再也没有回落过。这样的价格让书再也不可能落入真正的收藏者手中。

卡里埃尔 它成了一件金融产品，一件商品，这很可悲。收藏家，也就是真正爱书的人，往往都不是特别有钱。书一旦变成可以赚钱的物品，贴上"投资"的标签，有些东西就丢失掉了。

艾柯 首先，收藏者们不会去拍卖会。拍卖会在全

---

1 佳士得拍卖行（Christie's），世界上最大的艺术品拍卖行之一，其历史可以追溯到 1766 年。

今天出版的每本书都是后印刷初期珍本

球各地举办，单是想要场场出席，就必须有相当的经济实力。第二个原因，书商们完全垄断买卖：他们私下达成协议，不在拍卖会上飙价，随后在酒店里碰面，重新分配买下的书。为了买到一本我们喜欢的书，有时候要等上十年。在克劳斯书店，我还有过另一次有生以来最美好的交易。那是五本装订在一起的印刷初期珍本，开价对我来说无疑太高。但每次我去书店，都要开玩笑说他们一直卖不出那几本书，也许是开价太高了。最后，老板对我说，我的忠实和坚持应该得到补偿，他把书价降低了将近一半卖给我。一个月以后，在另一个拍卖目录上，单单一本同样的珍本，开价就是我买五本所花的钱的两倍左右。接下来几年间，这五本书的价格一路飙升。十年的耐心呵！这个游戏还是蛮有趣的。

卡里埃尔　你觉得人们对古籍的爱好会不会持久不变？这是那些一流书商们非常担忧的问题，因为他们若是只剩下一些银行家顾客，这个行业就完了。不少书商告诉我，在年轻一代里，真正的珍本收藏者越来越少。

艾柯　必须强调一点，古籍已不可避免地走在消亡的路上。我要是拥有一件珠宝珍品，或甚至一幅拉斐尔的画，在我死后我的家人会卖掉它。但我若收藏书，一般会在遗嘱上注明，既然我花了一辈子把它们收集在一起，也就不希望它们将来被拆散。这样一来，这些书要么只能捐给某个公共机构，要么通过佳士得拍卖行卖给一家大图书馆，一般会是美国图书馆。

从此，这些书就永远地从市场上消失了。在每任拥有者去世的时候，钻石都会回归市场。至于印刷初期珍本，从此只能在波士顿图书馆的馆藏书目上看到。

卡里埃尔　它再也不会走出图书馆。

艾柯　永远也不可能。因此，除了所谓的投资者造成的破坏以外，每一册古籍都变得越来越稀罕，也必然地越来越昂贵。至于年轻一代，我不认为他们丧失了对珍本的爱好，我倒是怀疑他们是否曾经具备这种爱好，既然古籍的价格总是远远超过年轻人的购买能力。话说回来，一个人若真的感兴趣，也不一定非要花很多钱才能

今天出版的每本书都是后印刷初期珍本

成为收藏家。我在书架上找到了两本 17 世纪印刷的亚里士多德的著作，那是我年轻时出于好玩买下的，从旧书商用铅笔写在封面上的价格来看，当时我只花了两欧元左右。在一个古董收藏者看来，这当然不算什么。

我有个朋友收集利索里万有文库的小册子，这套丛书相当于德国的雷克拉姆万有文库[1]。这套书出版于上世纪五十年代，由于极其廉价，没有人想过要细心保存，如今越来越罕见。收集全套丛书（一共近千种书）是一件非常有趣的工程，不需要花很多钱，也不用光顾豪华古董店，但要跑遍各种跳蚤市场（如今还有 eBay 网）。我们也可以做花费不高的珍本收藏者。我还有一个朋友，他收集他所喜爱的诗人的旧版本（不一定非要初版），按他的话说，在从前那个年代印刷的版本里读诗，别有一番"味道"。

他是珍本收藏者吗？或者只是诗歌爱好者？在旧书

1　1828 年，雷克拉姆（Anton Philipp Reclam）在德国的莱比锡成立雷克拉姆出版社（Reclam-Verlag），出版一套黄色封面的"万有文库"（Universal-Bibliothek），从而为世人所熟知。这一做法得到各国出版社的仿效，比如意大利的利索里丛书（Bibliothèque Universelle Rizzoli）和日本的岩波书店，还有我国的商务印书馆丛书系列。

市场上，你可以淘到 19 世纪的版本和 20 世纪的初版，只需花上饭店里一盘腌酸菜的钱（除非你想要《恶之花》的初版）。我有个学生，他只收集不同城市的过时的旅游指南，这些书不值什么钱。但他为此写了一篇博士论文，讨论几十年间人们看待某座城市的视角。他的论文后来出版了。他从这些书里做出一本书。

卡里埃尔 我可以讲讲自己如何得到一套弗拉德全集。那个年代的统一装订，毫无疑问，它是独一无二的。故事开始于一个富有的英国家族。这家人有极为珍贵的藏书，还有好几个孩子。在这些孩子里，正如通常发生的那样，只有一个人知道这些书的真正价值。父亲去世以后，识货的那个漫不经心地对兄弟姐妹说："我只要那些书。剩下的你们去分吧。"其他人高兴坏了。他们有庄园，有钱，有家具，有城堡。但是，这个刚刚获得藏书的人不能公开出售，否则整个家族一看到出售结果就会明白，"只要那些书"并不是小事，他们全给骗了。于是，他决定不让家族知情，把书偷偷卖给全世界各地的掮客。这些掮客通常都是一些特别奇怪的人。卖给我弗拉德的

今天出版的每本书都是后印刷初期珍本

捐客，骑一辆轻型摩托车，车把上挂着个塑料袋，他有时就用这塑料袋来运送宝贝。我用了四年时间付这笔钱，但那个英国家族里没有人知道这些书最终以什么价格落到了谁的手里。

达芬奇画过比这个更美的作品，比如
《岩间圣母》和《抱白貂的女子》。但
《蒙娜丽莎》得到了更多的诠释，这
些诠释犹如沉积层，和时光一起沉淀
在画里，并改变了画作本身。

7

那些非到我们手里不可的书

在《诗学》中，亚里士多德提起至少二十部悲剧，我们今天对它们一无所知。真正的问题在于：为什么只有索福克勒斯和欧里庇得斯的作品流传下来？它们最好、最值得流传后世吗？或者它们的作者费尽心思，以便取得同时代人的认可并淘汰其他竞争者，也就是亚里士多德提到的那些作者，而历史本该记住这些人的名字？

托纳克　你们似乎都追寻过某些书，偶尔还穷追不舍，为了集齐某个作者的作品，或者为了丰富某个主题的收藏，有时仅仅出于对美好事物的喜爱，或某本书对你们具有某种特别的意义。在这一细致的寻索过程中，你们有什么小故事可以分享吗？

卡里埃尔　我讲一个小故事，十年前我去拜访国家档案馆的女馆长时听来的。我们知道，在法国和任何有档案馆的国家里，每天都发生这样的事：一辆卡车开进来，运走那些人们决定销毁的故纸堆，因为必须给每天新进的档案腾出地方。必须销毁，也就是必须过滤，这是全世界通用的法则。

有时候，在卡车运走以前，有一些"故纸专家"（就是收藏故纸的人，比如收藏公证书、结婚证）会满心欢喜地前来翻找这些即将被销毁的旧档案。女馆长告诉我，有一天，她到办公室，正准备走进大楼，有辆卡车正好开出，从她面前经过。我很喜欢"有经验的眼睛"这一说法，也就是懂得真正去看的眼睛，除此以外别无期待的眼睛。女馆长停下给卡车让路。这时，她瞥见从某个大包裹中露出来的一角黄色纸片。她马上让卡车停下，解开一根绳子，打开包裹，发现一张莫里哀的光明剧院还在外省演出时的珍贵海报！这张海报怎么会到了档案馆？人们又怎么会把它送去销毁？有多少宝贵文献和古籍珍本就这样被疏忽大意地销毁？大意者也许比破坏者造成更大的损失。

艾柯 一个收藏者确实必须具备你所说的"有经验的眼睛"。几个月前我去格拉纳达，在参观阿尔罕布拉宫和其他必看的地方之后，我请一个朋友带我去一家古籍店。那里面出奇混乱，我在一堆西班牙文的书中乱翻，没有收获。我对西班牙文的书毫无兴趣。突然，我注意到两本著作，请人取下来。这是两本关于记忆术的西班牙文著作。我买下一本，店主附送了第二本。你也许会说，这只是运气，这家书店里一定还有别的宝贝。但我

那些非到我们手里不可的书

169

敢肯定没有。这就像一种狗的嗅觉，让你直接奔向猎物。

卡里埃尔 我曾经陪一个朋友去逛书店，热拉尔·欧贝雷，他是有名的书商，也是出色的作家。他走进一家书店，非常缓慢地看一排排书架，一句话也不说。然后，到了某个时候，他走向他所要的"那本书"。那是他唯一碰过的书，也是他唯一买下的书。最近一次是一本塞缪尔·贝克特[1]评普鲁斯特的著作，如今很难找到的初版。我还认识大学街的一个出色的书商，他是科学著作及文物专家。我还是学生时，他让我和同伴们走进书店，虽然明明知道我们不可能买下什么。他和我们说话，向我们展示许多珍贵的好东西。他是培养我的趣味的人之一。他住在巴克街，圣·日耳曼大道的另一端。有天夜里，他走在回家的路上，沿着巴克街，穿过圣·日耳曼大道。突然，路边有样黄铜之类的东西露在垃圾桶外，引起他的注意。他停下，打开垃圾桶盖，翻了翻垃圾，拎出一

---

1 塞缪尔·贝克特（Samuel Beckett，1906—1989），爱尔兰作家，用英语和法语写作，20世纪荒诞派戏剧的代表人物。《等待戈多》（*En attendant Godot*，1948）为其代表作。卡里埃尔说的应该是他在1931年用英文写作的《普鲁斯特》（*Proust*）。

个计算器，那是帕斯卡亲手制作的十二个计算器中的一个。价值连城的东西。如今归国立工艺技术学院收藏。是谁把它丢掉的？偏偏这只"有经验的眼睛"在这天夜里从旁经过，怎样的巧合呵！

艾柯　我刚才说到在格拉纳达淘旧书时笑了。这是因为，说老实话，我一点也不确定，在这家书店里是否还存在第三本书和前两本一样让我感兴趣。也许你的那位书商朋友三次经过一件向他发出信号的物品却没有看见，直到第四次才瞥见那件帕斯卡的机器。

卡里埃尔　加泰罗尼亚语最早的文本可以追溯到13世纪。这个手稿只有两页，很早以前就佚失了，但15世纪的一个印刷本还在，也算是罕见的印刷初期珍本。对于一个热爱加泰罗尼亚语的人来说，这显然是世上最宝贵的印刷初期珍本。我认识一个巴塞罗那书商，他像个固执的侦探追踪一条早已消失的线索，在几年寻索之后终于找到了这件宝贵的印刷初期珍本。他把它转让给巴塞罗那图书馆，价格没有透露给我，但想必不菲。

那些非到我们手里不可的书

几年过去了。有一天，还是这个书商买下一本 18 世纪的厚厚的对开本，书壳像通常一样塞着旧纸张。他采取通常的做法，用刀片小心割开书壳，取出里面的纸张。在那些古旧的纸张里，他发现了那份人们以为早已佚失的 13 世纪的手稿。手稿本身，还是原件。他差点儿当场昏过去。真正的珍宝一直在那里。它等着他。不知道什么人纯粹出于偶然地把它塞在那里面。

　　艾柯　夸瑞奇（Bernard Quaritch）是英国最重要的古籍商，也许还是全世界最重要的一位。他举办过一次展览并刊印目录，专门展出从书壳中发现的小件手稿。里面有一件手稿，居然是从《玫瑰之名》的图书馆大火之中幸存的——当然这完全是他们的杜撰，甚至还有极其详尽的描述。我注意到这件手稿（从尺寸上看它就和一张邮票一般大小），我们从此成了朋友。但很多人以为这是一件真迹。

　　卡里埃尔　你觉得我们是不是有可能找到索福克勒斯的悲剧原稿？

艾柯 最近在意大利恰好有一场大辩论，起源是都灵的圣保罗银行基金花费巨资购买的阿尔忒米多尔[1]的莎草手稿。意大利两位最权威的专家展开论战：这份被认为出自古希腊地理学家阿尔忒米多尔之手的文本究竟是真迹还是伪作？我们每天在报上看到一位新的专家出来证实或反驳前一天刊登的观点，闹得沸沸扬扬。这说明，我们还继续在这里那里发现一些从前的遗迹。人类发现死海古卷仅仅在五十年前。我认为，重新找到这些文献在我们今天的可能性更大，因为今天有更多的建筑工程，我们也更多地在翻动地表。在今天找到索福克勒斯的手稿比在施里曼[2]时代有更大的可能性。

托纳克 作为藏书家和爱书人，你们最大的愿望是什么？你们希望明天从某个工地地底下翻出什么？

---

1 阿尔忒米多尔（Artémidore d'Ephèse），古希腊地理学家，生活于公元前 1 世纪。他的著作包括十一卷本的 *Geographoumena*。由于作品佚失，今人只能从 Strabon 等人的援引中了解到一些残篇。艾柯提到的阿尔忒米多尔的手稿发现于 1990 年代。
2 海因里希·施里曼（Heinrich Schliemann，1822—1890），德国极具传奇色彩的考古学家，醉心于荷马史诗。在他的努力下，特洛伊、迈锡尼、梯林斯等古希腊城邦遗址得以重见天日。

艾柯　我希望能找到一本古腾堡圣经，那可是史上第一本印刷的书，让人眼红。倘若能找到亚里士多德在《诗学》中讲到的那些佚失的悲剧，我也会很感兴趣。除此之外，我似乎并不缺哪一本如今佚失的书。原因也许在于，正如我们所说的，它们消失了，是因为它们不值得从火灾或审查官那里幸存下来。

卡里埃尔　至于我嘛，我会很高兴找到一卷未知的玛雅文明典籍。1964年我第一次去墨西哥时，听说有近十几万金字塔编收于索引中，却只有三百来个得到挖掘。几年以后，我请教一位曾在帕伦克工作的考古学家，挖掘完毕这些地方还需要多长时间。他回答道："大约五百五十年。"前哥伦布时期的美洲世界遭受了史上也许最为残暴的文明毁灭，一种"书写"、一种语言的全部痕迹、一种表达方式、一种文学、一种思想被彻底摧毁（仿佛这些被征服的族群不配拥有某种记忆）。在极端的基督徒的授意下，成堆典籍在尤卡坦半岛被烧毁。无论阿兹特克文明还是玛雅文明，只有极少著作幸免于难，偶尔还发生在极其荒诞的情况下。19世纪在巴黎，某只"有经验的眼睛"在壁炉附近发现一卷玛雅典籍，当时人们正打算烧了它取暖。

这样说来，古代美洲语言没有死去。它们甚至还有可能再生。阿兹特克人使用的印第安语成为墨西哥的民族语言。《等待戈多》刚刚被翻译成这种语言。我已先行保存了一个"初版"。

托纳克　我们能否想象在将来发现一部我们根本不知道其存在的书？

卡里埃尔　现在我讲一个真正奇妙的故事。故事的主人翁是20世纪初法国年轻探险家伯希和[1]。他也是个天赋异禀的语言学家，类似于一个世纪前的商博良，同时还是考古学家。他和一支德国考察队在中国西部的敦煌地区沿着一条丝绸之路探险。长久以来，沙漠里赶驼队的人就传说，这个地区有一些石窟，藏有佛像和许多遗迹。

1　伯希和（Paul Pelliot，1978- 1945），法国汉学家。

伯希和及其同事在 1911 年发现一个藏经洞，这个石窟自公元 10 世纪以来就被封住。他们和中国官方协商，打开了石窟。洞里藏有七万册手稿，全是 10 世纪以前的文献！有人声称这是 20 世纪最伟大的考古发现。一整石窟不为人知的书！让我们想象突然走进亚历山大图书馆的某个尘封的阅览室吧，一切都保存其中！伯希和——显然也具备有经验的眼睛——想必感到极大的喜悦。当时他的心跳该有多快！在一张照片里，他坐在成堆的古本之中，一支蜡烛照亮四周。他显得出奇地快乐，这一点毋庸置疑。

他在洞中待了三个月，就在这些珍宝之中，并着手给它们编号。他发现了两种消失的语言，其中一种是古代波斯的巴列维语。他还发现了独一无二的出自摩尼教教徒而非其对手之手笔的摩尼教经书，以汉语写成，我太太纳阿勒的博士论文就是研究这个文本。摩尼在文中被称为"光明佛主"。他还发现无数其他不可思议的文献，来自各种文明传统的文本。伯希和说服法国政府，并征得中方人员的同意，购买下两万多册汉籍。这些文献如今入藏法国国立图书馆的伯希和藏书部，一直在被翻译和研究。

托纳克 这让我们想到另一个问题：我们能否想象在将来发现一部未知的杰作？

艾柯 有个意大利格言作家曾写道："没有人能成为伟大的保加利亚诗人。"这个观点本身有些种族主义倾向。他也许想表达以下两种观点中的一种，或两者兼而有之（除保加利亚之外，他大可以挑选其他任何小国）：首先，即便这位"伟大"诗人存在，我们将永无机会认识他，因为他所使用的语言不为众人所知。所谓"伟大"就意味着著名，虽然成为一个好诗人并不等于为人所知。有一次在格鲁吉亚，当地人告诉我，他们的国家史诗，鲁斯塔韦利[1] 的《虎皮武士》是一部宏伟的杰作。这我相信，但这部作品可没有莎士比亚的反响！

第二种观点是，一个国家必须经历历史上的重大事件，才能产生某种能够进行普遍性思维的意识。

1　鲁斯塔韦利（Shota Rustaveli，1172—1216），格鲁吉亚诗人。他的代表作就是《虎皮武士》（*Vepkhistqaosani*）。

卡里埃尔 巴拉圭有过多少海明威？他们也许从一出生就具备天赋，能创作一部具有伟大原创性和真正实力的作品，但他们没有这么做。他们不能这么做。因为他们不会写字。要么他们没有出版社来关注这些作品，要么他们根本不知道自己能写，能成为"一名作家"。

艾柯 在《诗学》中，亚里士多德提起至少二十部悲剧，我们今天对它们一无所知。真正的问题在于：为什么只有索福克勒斯和欧里庇得斯的作品流传下来？它们最好，最值得流传后世吗？或者它们的作者费尽心思，以便取得同时代人的认可并淘汰其他竞争者，也就是亚里士多德提到的那些作者，而历史本该记住这些人的名字？

卡里埃尔 别忘了，索福克勒斯的一部分作品也已佚失。佚失之作比流传下来的作品价值更高吗？也许，我们保存至今的作品是当年雅典人最喜爱的剧目，但在今人（至少我们）眼里却并非最有趣。也许，今天的人们会更喜爱别的剧目。究竟是谁决定保存这些剧目，不保存那些剧目，把这部而不是那部作品译成阿拉伯语？有多少伟大的作家不为我们所知？然而在有些时候，没有著作，他们的荣耀反而更大。我们又回到虚幻的话题。谁知道呢？最伟大的作家也许是那个我们从未读过的人？处于荣耀的巅峰，他唯有采取匿名的姿态。我想起人们关于莎士比亚或莫里哀的无谓议论，仅仅为了查出到底是谁写出那些作品。这有什么意义呢？真实的莎士比亚消失于莎士比亚的荣耀之中。没有作品的莎士比亚将谁也不是；没有莎士比亚，莎士比亚的作品却始终都是莎士比亚的作品。

艾柯　关于我们的提问，也许存在着一个答案。随着时光的流逝，每本书都嵌有人们的各种解释。我们阅读的莎士比亚不再是他当初写下的样子。我们的莎士比亚比他同时代人所阅读的莎士比亚更丰富。一部杰作要成为"杰作"，必须为人所知，吸收各种因它而起的解释，而这些解释最终将成为它的一部分。不为人知的杰作没有足够多的读者、阅读和解释。说到底，我们还可以说，是《犹太法典》造就了《圣经》。[1]

卡里埃尔 每一次阅读显然都在改变一本书本身，就像我们所经历的每一件事都在影响着我们。一本伟大的书永远活着，和我们一起成长和衰老，但从不会死去。时间滋养、改变它；那些无意义的书则从历史的一边掠过，就此消失。几年前，我重读拉辛的《昂朵马格》[2]。有一段长篇独白，昂朵马格向女仆讲述特洛伊大屠杀："想想呵，塞菲斯，这可怕的一夜／对于一个民族而言是永恒的一夜。"在奥斯维辛之后，这几行诗读来感触大为不同。年轻的拉辛已为我们描述了一次种族大屠杀。

艾柯 这很像博尔赫斯笔下的皮埃尔·梅纳德的故事。[3]博尔赫斯想象，有个作者想改写《堂吉诃德》，与此

---

1 《犹太法典》（*Talmud*，一译《塔木德》）是犹太教的基础经籍，其地位仅次于《圣经》。《犹太法典》有一部分内容是对圣经的注释，称为"米德拉什"（Midrash），故艾柯有此言。

2 《昂朵马格》（*Andromaque*），拉辛写于 1667 年的悲剧作品，取材于荷马史诗，昂朵马格是特洛伊将领赫克托尔的妻子。

3 指博尔赫斯写于 1941 年前后的小说《〈吉诃德〉的作者皮埃尔·梅纳德》，收在短篇小说集《小径分岔的花园》中。

同时还要融入 17 世纪的西班牙历史和文化。这样，他写出来的《堂吉诃德》与塞万提斯的原著一字不差，但意思截然不同，因为同一句话今天说出来，意义已不同于那个年代。同样，我们也以另一种方式在阅读它，因为这部作品引起了无穷尽的阅读，这些阅读逐渐形成原文的一个组成部分。不为人知的杰作没有这种机会。

卡里埃尔　杰作并非生来就是杰作，而是慢慢变成杰作。我想补充一点，伟大的作品往往通过读者而相互影响。我们当然可以理解塞万提斯对卡夫卡的影响多深，但我们也可以说，卡夫卡同样影响了塞万提斯，热拉尔·热内特[1]就此做过精辟阐述。我若在读塞万提斯以前读卡夫卡，那么通过我，并且在我毫不知情的状况下，卡夫卡必将改变我对《堂吉诃德》的阅读。我们的人生道路、个人经历、生活的时代、获得的信息，甚至我们的家庭变故、子女的问题，所有这一切都会影响我们对

1　热拉尔·热内特（Gérard Genette，1930— ），法国文学评论家。有关塞万提斯和卡夫卡的分析，当在其论著集 *Figures I*（Paris: Seuil, 1966）的"文学乌托邦"（Utopie littéraire）一章里。

古代作品的阅读。

我有时会随便翻开一本书。上个月，我翻开了《堂吉诃德》的最后一章，也是人们最不常读的部分。桑丘回到他的"岛"上，遇见一个叫李果德的朋友，他是一个"改教者"（converso），也就是皈依基督教的摩尔人。一道驱逐令（这是史实）把他赶往非洲的贝贝里，他不了解那个国家，不说当地语言，也不信奉当地宗教，因为他和他的父母一样生于西班牙，从来自认为是好基督徒。这页叙述令人震惊。字里行间讲述的是我们自己，干脆而直接，没有任何隔阂："我们无处寻觅厄运期许的安身之地。"一本伟大的书的权威性、通俗性和现实性就在于此：我们打开书，它向我们讲述我们自己。因为我们从这一刻起真正地活着，我们的记忆获得补充，与书相系。

艾柯　《蒙娜丽莎》也是如此。在我看来，达芬奇画过比这个更美的作品，比如《岩间圣母》和《抱白貂的女子》。但《蒙娜丽莎》得到了更多的诠释，这些诠释犹如沉积层，和时光一起沉淀在画里，并改变了画作本身。

艾略特在评论《哈姆雷特》的文中说得很清楚[1]，《哈姆雷特》不是杰作，而是一部混乱的悲剧，无法协调各种不同的头绪。正因为此，它变成一个谜，让所有人不断探索。《哈姆雷特》不是因为其文学品质而成为杰作；它是因为经得起世人的诠释而成为杰作。为了流传后世，有时候只需大放狂言。

卡里埃尔 还有重新发现。一部作品穿越漫长时光，似乎在等候它重放光彩的时刻。有电视台问我是否愿意改编《高老头》。我至少有三十年没读这部小说。有一天晚上，我坐下来，想随便翻一翻。没想到却一口气读完，直到凌晨三四点钟。我在字里行间感到某种冲动，某种写作激情，没法把眼睛转开一秒钟。巴尔扎克[2]在三十二岁时写下这部小说，当时他没有结婚，没有孩子，却以如此深刻、精确和残忍的方式剖析了一个老父亲和女儿

---

1 艾略特（T. S. Eliot, 1888—1965）在 1920 年代写过一系列探讨诗艺的论文，对但丁、莎士比亚等诗人做了评论。这里说的应为 *The Sacred Wood: Essays on Poetry and Criticism*（1920）中的"Hamlet and His Problems"。
2 巴尔扎克 1835 年写作《高老头》时应当是三十六岁。

们的关系。他是怎么做到的？比如，高老头告诉寄宿在同一公寓的穷学生拉斯蒂涅，他每天晚上要到香榭丽舍大街上看女儿们经过。他为她们雇穿号衣的仆役，买敞篷四轮马车以及一切让她们欢喜的东西。他自己当然越来越穷，甚至破产。他担心自己的在场会妨碍她们，就不让她们看见自己，不和她们有任何往来。他满足于听那些过路人对她们的赞美。他对拉斯蒂涅说："我情愿做她们膝上的一条小狗。"我居然发现这个！因此，有时是集体发现，有时却是个人发现，人人都可以实现的珍贵发现，只需在夜里拿出一本早已被遗忘的书。

艾柯 我想起少年时代发现乔治·德·拉图尔[1]，从此痴迷不已。我当时很纳闷，为什么世人没有把他看成与卡拉瓦乔相提并论的天才。几十年以后，拉图尔被重新发现，极力追捧。他从此变得很大众化。有时候，只需一场展览（或某本书的重版）就能造成这种突如其来的风尚。

---

1 乔治·德·拉图尔(Georges de La Tour, 1593—1652)，法国巴洛克画家，他的画风受到意大利 16 世纪画家卡拉瓦乔（Caravaggio，1517—1610）的影响。故艾柯有此说法。

卡里埃尔　我们可以顺便谈谈某些书经受住毁灭考验这个话题。刚才说到西班牙人对美洲印第安文明的行径。有关这些语言和文学，迄今仅存三卷玛雅典籍和四卷阿兹特克典籍。其中两卷简直如奇迹般被重新发现。一卷玛雅典籍现存巴黎，一卷阿兹特克典籍现存佛罗伦萨，因而又称为"佛罗伦萨典籍"（Codex Florentino）。会不会有一些狡猾而固执的书，它们非幸存下来不可，总有一天会出现在我们眼前？

托纳克　对于那些清楚了解其价值的人而言，私吞珍贵的手稿和书籍也许始终是一种诱惑。最近，巴黎国立图书馆的某个保管员被指控偷窃一卷手稿，那是他负责保管的希伯来藏书之一。

艾柯　有些书多亏了小偷才得以幸存。你的问题让我想起 19 世纪佛罗伦萨的吉罗拉莫·利布里伯爵[1]的故

1　吉罗拉莫·利布里（Girolamo dai Libri，1475—1555），意大利文艺复兴时代的学者。

事。他是伟大的数学家，后来成为法兰西公民。他作为大学者备受时人敬重，就被委任为特派专员，专门抢救那些属于国家文化遗产的手稿。他跑遍整个法国，从修道院到市立图书馆，尽力把无数价值连城的文献和极其珍贵的书籍从可悲的状况中抢救出来。他的工作受到接待他的这个国家的极力赞赏。然而，有一天，人们发现他私吞了成千上万的文献和书籍，价值难以估量。他被起诉。当时法国的文化界人士，从基佐[1]到梅里美，都在声援吉罗拉莫·利布里的请愿书上签字，大声疾呼他的清白，意大利的知识分子也参与进来。这份辩护词完美无缺，为这位受到不公正指控的可怜人申辩。甚至在他的住所里发现成千上万被指私吞的文献以后，人们还在继续为他申辩，说他很有可能像从前在埃及的欧洲人，发现一些文物就自然而然地带回家，再不然就是把这些文献带回家，准备进行分类。为了逃避诉讼，吉罗拉莫·利布里逃亡到英国，并在那里度过余生，至死都带着这个丑闻的污点。但自那时起，再也没有任何证据可

---

1 基佐（François Guizot，1787—1874），法国政治家，1847—1848 年间任法国首相。

以表明他究竟有罪还是清白。

托纳克　我们已经谈了人们知道其存在却从未见过或读过的书；不为人知并且注定永远如此的杰作；被私吞的价值不可估量的手稿；在某个石窟等候千年的珍贵文献。现在，关于如下作品该说些什么：它们突然之间不再从属于某个作者，而成了另一个人的作品？莎士比亚是否写下了莎士比亚戏剧？荷马是不是真的荷马？诸如此类。

卡里埃尔　有关莎士比亚的一个小回忆。"文化大革命"刚结束时，我正好在北京。我通常在酒店边吃早餐边读英文版《今日中国》(*China Today*)。有一天的头版上，七栏中有五栏在报道一件耸人听闻的事件：在英国，专家们刚刚发现，莎士比亚的某些作品并非出自他本人之手。我赶紧读了这篇报道，发现这场争论只涉及几行无关痛痒的诗，并且是分散在不同的作品里。

那天晚上，我和两位汉学家吃饭，讲到我的惊讶。一篇有关莎士比亚的并非新闻的报道，怎么会几乎占满

《今日中国》的头版？其中一位汉学家告诉我："别忘了，您是在一个使用官话的国家里，在这个国家里，长久以来，书写与权力紧密相连，极其重要。当西方（也许还是世界上）最伟大的作家出了什么事时，有必要在头版上用五栏篇幅来报道。"

艾柯 莎士比亚作品的原创性问题引发了无穷无尽的证实与驳斥。我收集了这方面很好的文献，至少是最著名的文献。这场争论的标题是"莎士比亚与培根之争"（The Shakespeare-Bacon controversy）。我写过一篇戏文，说倘若莎士比亚的全部作品都出自培根之手，那么培根绝对不会有时间写他自己的作品，莫非是莎士比亚替他写了？

卡里埃尔 在法国，我们在高乃依和莫里哀上有相似的问题，刚才已经提到过。谁是莫里哀作品的作者？倘若不是莫里哀会是谁？当年我学古典文学时，有位教授花了四个月时间谈论"荷马问题"。他最后的结论是："我们现在知道，荷马史诗很可能不是荷马写的，而是出自他的孙儿之手，他的孙儿同样名叫荷马。"这个问题的研讨已经取得进展，今天的专家们一般认为，《伊利亚特》和《奥德赛》肯定不是同一作者的手笔。荷马孙儿的线索也似乎被彻底放弃了。

无论如何，高乃依和莫里哀的合著作者身份问题让人联想到各种不可思议的故事情节。莫里哀管理着一个剧团，有各种工作人员，舞台监督，演员们，这些人全在不停跟他打交道。他的各种活动都像账目一样有记录在案。这就意味着，最根本的活动居然被遮掩了：高乃依在夜里披着黑色大氅为他送剧本。多么奇怪，那个年代居然没有人发现这些！轻信往往超越真相。我们又一次面临可笑的阴谋论。有些人就是不可能接受世界的本来面目。他们没法重建世界，只好竭力重写世界。

艾柯 创作行为有必要存在某些谜团。公众需要这种谜团。不然丹·布朗[1]靠什么谋生？自夏科[2]以来，人们很清楚一个癔病患者为何会有受刑瘢痕，但他们依然狂热地崇拜皮奥神父[3]。高乃依若只是高乃依就太平淡无奇了。高乃依若不仅是高乃依同时还是莫里哀，大众将会更感兴趣。

卡里埃尔 说到莎士比亚，有一点必须强调，他生前几乎没出版过几部剧本。直到他去世很久以后，有些英国学者才聚在一起编出他的第一个全集，这个1623年的版本被公认为初版，称为"第一对开本"（Folio）。这显然是珍宝里的珍宝。这个版本如今还会在某个地方留有样本吗？

艾柯 我在华盛顿的福尔杰图书馆看到三套。是的，它还存在，但不在旧书市场上流通。在《罗安娜王后

---

1 丹·布朗（Dan Brown，1964— ），美国畅销书作家，著有《达芬奇密码》等。

2 夏科（Jean-Martin Charcot，1825—1893），法国神经学和心理学家。

3 皮奥神父（Padre Pio，1887—1968），本名Francesco Forgione，被视为第一个身带瘢痕的神父（瘢痕在新约语境里专指耶稣钉在十字架上留下的伤口痕迹），于2002年被罗马天主教会封为圣人。

的神秘之火》[1]中，我讲了一个书商和"第一对开本"的故事。那是一切收藏家的梦想：拥有一部古腾堡圣经或1623年的"第一对开本"。但正如我们所说，市场上早就没有古腾堡圣经，它们全进了各大图书馆。在纽约的皮尔庞特·摩根图书馆，我曾看到两本，其中一本还是不全的。在梵蒂冈图书馆，我亲手摸过一本，上等犊皮纸，彩色标题（也就是说，起首字母全是手工彩绘）。如果说梵蒂冈不算意大利，那么意大利连一部古腾堡圣经都没有。已知的最后一件在二十年前卖给了一家日本银行，我没记错的话，当时的成交价是三四百万美金。倘若今天在珍本市场上突然出现一册，没有人敢想象它的价格。

　　所有收藏家都在做着同样的梦：在某个地方遇见一位老妇人，而她家的某个旧橱里藏着一本古腾堡圣经。这位老妇人已经九十五岁，还生着病。收藏家开价二十万欧元，想买下这本老古董的书。对她来说，这可是笔财富，足以让她安享晚年。只是，问题应运而生：

---

[1] 《罗安娜王后的神秘之火》（*La Mystérieuse Flamme de la reine Loana*），艾柯写于2004年的小说。

一旦你把这本圣经带回家，你要拿它做什么？要么你谁也不告诉，就如独自一人看一场喜剧。那你可笑不出来。要么你告诉别人——全世界的小偷立即行动起来。出于绝望，你最后只好把它捐给市政府。它将被展放在安全的地方，你和朋友们可以随时去欣赏它。但你再也不能半夜起床去翻弄它、抚摩它。这样说来，拥有和不拥有一本古腾堡圣经，又有何差别？

卡里埃尔　真的。有什么差别？我有时还会做另一个梦，或者不如说是白日梦：我是一个小偷，潜入一所私人宅第，里面沉睡着一批数量极为可观的古籍。我带着个袋子，只能装下十本书——就假定还可以多塞两三本在衣服口袋里吧——因此我必须做出选择。我打开藏书室。我只有十到十二分钟的时间来挑选，因为警报系统很快就会叫醒保安人员……这是我很喜欢的一种故事情节，闯入某个收藏家严加看护的封闭空间。我想象这个收藏家很富有，与此矛盾的是他很无知并且极度令人反感，他甚至还会偶尔拆开一本极其珍稀的书，以便一页页地出售。我有个朋友收藏了古腾堡圣经的一页纸，就是这么来的。

艾柯 我要是拆开（并扼杀）我那些带插画的书，赚到的钱将会是当初买这些书的花费的一百倍。

卡里埃尔 这些拆开古籍卖插画的人，被称为"按斤两卖古董的人"。他们是珍本收藏者的公敌。

艾柯 我认识一个纽约的书商，他只用这种方式出售古籍。他曾经告诉我："我这是民主的艺术品破坏行为。我买下那些不完整的古籍，再把它们拆开。您永远也不可能拥有一部《纽伦堡编年史》，对吧？我可以卖给您十美金一页。"但是，他真的只拆开那些不完整的古籍吗？我们一无所知，再说他也去世了。收藏者和书商之间曾经达成协议，收藏者决不购买、书商也决不出售拆分的书页。只是有些插画早在一百或一百二十年以前就从书上掉下来了（书从此不见踪影）。如何抵制住这样漂亮的东西呢？我有一张科罗奈利[1]手绘的彩色地图，美妙无比。它是从哪儿来的？我不知道。

1　科罗奈利（Vincenzo Coronelli, 1650—1718），方济各会教士，威尼斯的宇宙学家，以绘制地图著称。

我们当年发现了亚述人最早的图书馆，但对楔形文字一无所知。人类始终面临丢失和毁灭的问题。挽救什么？传达什么？如何传达？如何确保今天使用的语言能在明天、后天依然被理解？一种文明若不向自身提出这个问题将是不可想象的。

8

我们对过去的认知归功于

傻子、呆子和敌人

我们通过艾提乌斯的作品了解了前苏格拉底哲人的不少残篇，艾提乌斯却是个彻头彻尾的傻瓜，只需读一读他的笔记就清楚了。因此，我们大可怀疑他的记载是否忠于前苏格拉底哲人们的精神。还有恺撒笔下的高卢人、塔西陀笔下的日耳曼人，我们多少了解这些民族，恰恰是借助他们的敌人的记载。

我们对过去的认知往往来自书本，因此也就归功于傻子、呆子和狂热的敌人。仿佛过去的痕迹完全消失，要重建过去，只能借助这些文学疯子的作品，这些不可信的天才。

托纳克 透过藏书，你们是不是在以某种方式与过去对话？对你们来说，古籍是不是对过去的一种见证？

艾柯 我刚才说，我只收藏那些与谬误、虚假相关的书，这些书不可能是无可指摘的见证者。然而，即便说谎，它们也教给我们一些过去的事。

卡里埃尔 让我们来想象一位 15 世纪的博学者。他拥有一两百册书籍。今天很多普通人就拥有这个数量的书。在他家的墙上挂着五六幅版画，画的是耶路撒冷、罗马，一些准确性很成问题的版画。他对世界只有一个遥远而模糊的印象。他的书都很美，但是不够，并且正如你所说，常常还是错的。

艾柯 《纽伦堡编年史》是一本带插画的书，讲述了从创世到 1490 年的世界历史。在这本书里，同一张版画有时会重复使用，表现不同的城市。这表明，出版者更关注插画效果而不是信息本身。

卡里埃尔　我和我太太收藏了一套书，我们叫它"波斯之旅"。最早的几本书可以追溯到 17 世纪。其中最古老也最有名的是让·夏尔丹[1]在 1686 年的著作。同一著作在四十年后还出了一个八开的版本，换言之，是分成多卷的小开本。第九卷插有一张波斯波利斯[2]废墟的折叠式插图，完全展开大概三米长：那些版画是一张张按顺序粘上去的，每本书都要手工制作！这简直是无法想象的工程。

这本书在 18 世纪再版，附有一模一样的插画。一百年后又一次再版，仿佛波斯在整整两世纪里没有经历任何变迁似的。当时法国正处于浪漫主义时期，一切与路易十四的世纪截然不同。然而，波斯在书籍中却显得不

1　让·夏尔丹（Jean Chardin，1643—1713），法国旅行家，尤以在波斯和印度的旅行著称。
2　波斯波利斯（Persepolis），古代波斯都城。

变而永恒，仿佛它就此静滞于一系列图像之中，仿佛它没有改变的能力。出版者的决定其实就是一种文明和历史的审判。直到 19 世纪，法国依然在出版一些两百年前撰写和印刷的科学书籍！

艾柯 书常犯错。但有时却是我们的解释在犯错或妄想。六十年代，我写过一篇戏文（收在《模仿与假冒》[1]里）。我想象一个未来的文明世界，人们从某个湖底找到一只钛金属箱，箱子里有一些伯特兰·罗素[2]在主持核裁军运动时期特意封存的文献，当时的人比今天更沉陷在核破坏的威胁之中（并非威胁已消除，恰恰相反，是我们已经习惯了）。讽刺的是，这些被挽救的文献其实只是一些滑稽小曲的歌词。于是，未来的语文学家们把这些歌曲视为我们这个时代诗歌的巅峰之作，并尝试在此基础上重建一种消失的文明，也就是我们今天的文明。

---

1 《模仿与假冒》（*Pastiches et Postiches*），艾柯发表于 1996 年的文集，系 1963 年的 Diario minimo 的增订版。

2 伯特兰·罗素（Bertrand Russell, 1872—1970），哲学家、逻辑学家、和平主义者，曾积极参与反对核武器和提倡核裁军的运动，1954 年发表了著名的《罗素—爱因斯坦宣言》。

我后来听说，在一次古希腊语文学的研讨会上，我的文章被拿出来讨论。学者们提出如下问题：他们所研究的古希腊诗人的残篇是否也具有同样的特点？

事实上，最好永远避免在唯一信息来源的基础上重建历史。何况，由于时间的差异，某些文本已经不可解释。在这个问题上，我有一个很好的故事。二十多年前，美国国家宇航局（或者另一个美国政府部门）提出问题：应该把核残渣埋在哪里？我们知道，核残渣的放射性可以持续一万年，总之是个天文数字。他们的问题在于，倘若真的可以找到这么个地方，他们应该在那附近建立何种信号，以禁止未来的人类入内。

在过去两三千年间，人类不是也丢失了解读好几种语言的密码吗？假设五千年后，人类灭绝，外太空的来客降临地球，如何告诉他们不要踏入那个地方？专家们委托一位语言学家和人类学家汤姆·斯比奥克[1]研究一种解决这些困难的交流方式。斯比奥克在分析了所有可能的解决方案之后得出结论：任何语言，即便图形文字，

1　汤姆·斯比奥克（Tom Sebeok，1920—2001），美国符号学家、语言学家。

都不可能在它诞生的背景之外得到理解。我们不可能肯定地解释在洞穴里发现的史前图像。即便象形文字也无法完全辨认。在他看来，唯一可能的办法在于建立宗教团体，这些团体内部会传播某些禁忌，"勿碰这个"，或"勿食那个"。一个禁忌能在一代代人之间传承。我当时有另一个想法，可惜美国国家宇航局没付给我钱，我就谁也没告诉。我认为可以这么埋藏核残渣：最上面一层很稀，放射性也很弱；第二层略浓一点，由此层层递增。这样，将来我们的访客如果不小心用手（或类似手的器官）去挖这些残渣，他只不过会掉一根指骨而已。如果他很固执，就有可能丢掉一整根指头。但我们可以肯定他不会一意孤行下去。

卡里埃尔　我们当年发现了亚述人最早的图书馆，但对楔形文字一无所知。人类始终面临丢失和毁灭的问题。挽救什么？传达什么？如何传达？如何确保今天使用的语言能在明天、后天依然被理解？一种文明若不向自身提出这个问题将是不可想象的。你刚才提到这种情形：一切语言代码全部消失，一切语言变得寂静无声，模糊不清。我们还可以想象一种相反的情形：我今天在墙上涂画一些没有任何意思的图形，将来就会有人声称破解了图形的涵义。有一年，我出于好玩，杜撰了好些书写符号，相信未来会有人给这些符号找到涵义。

艾柯　当然了，没有什么像荒诞那样产生各种注释。

卡里埃尔　或者注释产生荒诞。这是超现实主义者的贡献。他们把毫不相干的词放在一起，展现出一种隐藏的意义。

艾柯　哲学上也有相似的情况。伯特兰·罗素不像海德格尔引起那样多的注释。为什么？因为罗素特别清晰易解，而海德格尔却极为艰涩。我不是说他们中孰对孰错。我对他们两位均表示怀疑。但当罗素讲一句蠢话时，他用明白的方式讲出来；而海德格尔即便在说一件不言自明的事，我们也未必能理解。要想穿越历史，恒久长

我们对过去的认知归功于傻子、呆子和敌人

存，必须艰涩难懂。赫拉克利特[1]老早就知道这一点……

顺便问一句：你知道为什么前苏格拉底哲人们只写片段吗？

卡里埃尔 不知道。

艾柯 因为他们当年全生活在废墟里。这是玩笑话。我们找到这些片段的线索，往往是通过后人（一般是几世纪以后的人）对他们所做的注释。比如廊下派哲学，我们很可能还没有完全认识其思想成就的重要性，但现今所了解的大部分内容均来自撰文驳斥廊下派哲人的恩培里柯[2]。同样的，我们通过艾提乌斯[3]的作品了解了前苏格拉底哲人的不少残篇，艾提乌斯却是个彻头彻尾的傻

1　赫拉克利特（Héraclite），公元前6世纪的古希腊哲人，以艰涩难懂著称。他是艾柯下文所说的"前苏格拉底哲人"中的一位。所谓前苏格拉底哲人，是指公元前7至6世纪的古希腊思想家，代表西方哲学的起源。这些哲人均无完整著作传世，只通过后人的辗转援引和注释而留下一些残篇，即下文所说的"片段"。

2　恩培里柯（Sextus Empiricus，160—210），古希腊哲人，天文学家，怀疑论者。

3　艾提乌斯（Aetius），生活在公元1至2世纪的作家，以收集和记录古代哲人们的思想著称。

瓜，只需读一读他的笔记就清楚了。因此，我们大可怀疑他的记载是否忠于前苏格拉底哲人们的精神。还有恺撒笔下的高卢人、塔西佗笔下的日耳曼人，[1] 我们多少了解这些民族，恰恰是借助他们的敌人的记载。

卡里埃尔　基督教神甫们对异端分子的说辞也可以算在其中。

艾柯　这就好比只通过拉青格[2]的教皇通谕来了解 20 世纪哲学。

卡里埃尔　我对行邪术的西门这个人物痴迷不已。先前我还专门为他写过一本书。他是耶稣的同时代人，只出现在《使徒行传》中。他被使徒们宣判为异端，指控为所谓的"买卖圣职罪"[3]，因为他企图向彼得买下耶稣的

1　分别指恺撒的《高卢战记》（*commentarii*）和塔西佗（Tacitus，56—120）的《日耳曼尼亚志》（*Germania*），从征服者的角度了解一个民族，往往有违真实。
2　拉青格（Joseph Ratzinger，1927— ），本笃十六世（Benedict XVI），2005—2013 年任罗马教皇。
3　"买卖圣职罪"（simonie）一词出自"西门"（Simon）。

神圣权柄。这些几乎就是有关这个人物的全部记载了。然而，当时有许多人追随他，称之为"神的大能者"。他不可能像他的敌人们所说的，只是个可笑的江湖郎中。

艾柯　我们听说鲍格米勒派[1]和保罗派教徒会吃小孩，这是来自他们的敌人的说法。有关犹太人也有相同的传说。不论谁的敌人都会吃小孩。

卡里埃尔　我们对过去的认知往往来自书本，因此也就归功于傻子、呆子和狂热的敌人。仿佛过去的痕迹完全消失，要重建过去，只能借助这些文学疯子的作品，这些不可信的天才。安德烈·布拉维埃[2]曾详细讨论过这些人的命运。

艾柯　在我的《傅科摆》里，有个人物也想到是否可以对福音书的作者提出同样的疑问。也许耶稣还说了

1　鲍格米勒派（Bogomiles），10世纪基督教内部的一个异端教派。
2　安德烈·布拉维埃（André Blavier，1922—2001），比利时法语诗人、学者、文学评论家。此处指他1982年出版的《文学疯子》（*Les Fous littéraires*）。

一些别的话，但他们没有记录下来。

卡里埃尔　这是很有可能的。我们常常忘了，现存最古老的基督教文本是保罗书信。福音书要迟一些才出现。然而，基督教的真正创始人保罗的人格却非常复杂。我们认为，他和耶稣的兄弟雅各曾就割礼这一基本问题激烈地交换过意见。毕竟耶稣生前还去犹太神殿，雅各在他兄弟死后也继续去那里。他们一直都是犹太人。保罗把基督教和犹太教区分开来，并且直接面对"外邦人"，也就是非犹太人。他是真正的创始人。

艾柯　当然，他具有超凡的智慧，他明白，如果想让耶稣的话语获得巨大反响，就必须让罗马人接受基督教。正因为此，在从保罗开始的基督教传统中，以及在福音书中，彼拉多[1]是个懦弱的人，却不是真正的罪人。必须为耶稣之死负责的是犹太人。

1　本丢·彼拉多是罗马帝国犹太行省的执政官，他曾问犹太人是否按传统做法释放耶稣，但犹太人喊着要把耶稣钉到十字架上，参《马太福音》，27：15—26 等。

我们对过去的认知归功于傻子、呆子和敌人

卡里埃尔　而且，保罗无疑也知道，他不可能成功地把耶稣当作新的、独一无二的神让犹太人接受，因为犹太教在当时还是一个新兴宗教，是强大的、征服式的，有不少异教徒皈依；而希腊罗马宗教当时已在迅速沉沦，但罗马文明本身却不是如此。罗马人有条有理地改造传统世界，将其纳为一统，给他们治下的各族人带来持续几世纪的"罗马和平"（Pax Romana）。布什的征服式的美国，从来没能在一种良好、普适的文明基础上，带给世界这种和平。

艾柯　说到那些不容辩驳的疯子，一定要提及美国的电视福音传教士。只需在星期天早晨快速浏览一遍美国的电视频道，就能明白事态的严重性和广泛度。沙查·巴隆·科恩在《波拉特》[1]中的演绎显然不只是出于想象。我想起在六十年代，为了在俄克拉荷马州的奥罗·罗

1　《波拉特》（*Borat*），2006 年上映的一部美国喜剧电影，全名为《波拉特：为建设伟大祖国哈萨克斯坦而学习美国文化》，由英国演员沙查·巴隆·科恩（Sacha Baron Cohen）出演。

伯茨大学执教（奥罗·罗伯茨也是个星期日电视福音传教士），必须回答这样的问题："你是否具备语言天赋？"言下之意，你是否能够巧妙地运用一种别人都不会说但所有人都听得懂的语言。这一现象在《使徒行传》中早有描述。我有一位同事被录用，因为他回答："还没有。"（Not yet.）

卡里埃尔　我在美国亲眼目睹了好几次弥撒：按手礼、假治愈、人为制造极乐体验。挺吓人的。有时让我以为身处疯人院。但与此同时，我认为用不着过于担心这些现象。我总是这么告诉自己：倘若上帝存在并且突然站到他那些疯狂的信徒一边，那么基要主义[1]、原教旨主义和宗教狂热将会是严重的，甚至非常严峻的。然而直到目前为止，我们还不能说上帝站到了哪一边。在我看来，只要无法获得上帝襄助（这是必然的），这些运动就总是兴起一时又失去势头，从一开始就注定没用。危险或许更在于，美国的新创世主义者会最终获胜，把基

1　基要主义，20世纪美国新教中的一种极端保守的神学思潮。

于圣经的"真理"当成科学真理在学校里教授。这将是一种倒退。当然，并非只有这些人想以这种方式把自己的观点强加给他人。大约十五年前，我参观了巴黎玫瑰路[1]的一家犹太教学校，那里的"教师们"讲授的是：世界由上帝创造于大约六千年以前，一切史前遗址都是撒旦为了欺骗人类而放在沉积层中的！

我猜，那里的情况到今天并没有得到多少改观。这样的"教导"类似于当初保罗焚烧古希腊的科学著作。信仰总是比知识更强大——这也许令人惊叹，感到遗憾，但事实确实如此。然而，若说这些假正经的教导颠覆了事物发展的一般进程，却也没那么夸张。不，一切该怎样还怎样。别忘了，伏尔泰是耶稣会教士的学生。

艾柯　所有伟大的无神论者都产生于神学院。

卡里埃尔　还有古希腊科学，尽管有人试图压制它的声音，最终它还是获胜了。虽然这条真理的道路上布满

1　玫瑰路（Rue des Rosiers），巴黎犹太人街区。

障碍、火刑堆、监狱，偶尔甚至还有死亡集中营。

艾柯 宗教复兴并不在蒙昧主义时期发生。恰恰相反，宗教在超技术化时代尤其兴旺，比如我们现在。在传统道德瓦解、意识形态垂死挣扎的时代，也是如此。在那样的时候，人类需要信仰一些东西。正当罗马帝国达到最强盛的顶峰，当元老院议员们与妓女一道招摇过市，给自己涂上口红，早期的基督徒也被埋葬在地下墓穴。[1] 这是一个重新达到平衡的过程，很正常。

这种信仰需求在今天有各种不同的表达方式，比如对塔罗牌的兴趣，比如对新世纪[2]精神的拥护。我们不妨反思一下达尔文主义论战的复苏，论战方不仅有基要主义的新教徒，还有天主教右派（此刻正发生在意大利）。很长时间以来，天主教会不再为进化论所困扰：从教会神父那里，人们已经知道圣经的叙述采取隐喻的方式，

---

1 早期罗马法律规定，基督徒不允许葬在罗马城中，只能葬在城外的地下墓穴。这一习俗随着基督教成为罗马帝国的官方宗教而改变。
2 新世纪运动（New Age Movement），20世纪下半叶在西方国家产生的一种多元、包容的精神思潮，借鉴东方的性灵和玄学传统，注入西方心理学、健康学、意识研究等各种影响。

因此创世的六天可以完美地呼应六个地质纪年。何况《创世记》太达尔文化了：人类在所有动物之后出现，并且由泥土所造。因此人类既是大地的产物，也是一次进化的顶峰。

信教者们想要挽回的唯一一点是：进化不是偶然的，而是某种"智慧设计"[1]的结果。然而，目前的论战并没有提到设计问题，反而涉及全部达尔文理论。这显然是一次倒退。人类再一次在神话中逃避科技威胁。这一综合征有可能采取集体崇拜的方式，比如崇拜皮奥神父这一类人物！

卡里埃尔　从另一个角度看，这也是一种矫正。我们曾把信仰当成一切罪恶的母亲加以摒弃。然而，从1933年希特勒执政到二十年后斯大林逝世，我们在这座星球上统计出上亿起暴力死亡事件。这个数目也许超过了人类以往战争的死亡总数……当世界从屠杀的震惊中清醒过来时，很自然地会回归宗教活动。

1　智慧设计论，一种有争议的论点，反对自然选择论，认为宇宙及生命的复杂性必须归结于智慧的设计，以最高造物主的意志造就。

艾柯　但纳粹当年喊着"上帝与我们同在！"（Gott mit uns.）他们奉行一种异教的宗教狂热！当无神论成为国家宗教，比如在前苏联，一个信教者和一个无神论者之间也就不再有差别。两者都有可能成为基要主义者、极端主义者。我曾经写过，马克思说宗教是人民的鸦片，这种说法并不准确。鸦片可以使人中立、麻醉、昏昏欲睡。不，宗教是人民的可卡因。它让人群兴奋起来。

卡里埃尔　不如说，这是一种鸦片和可卡因的混合物……

我们对书总是有一种崇高的理念，我们自愿将书神圣化。然而，事实上，只要认真观察我们的书架，就会发现有相当惊人的一部分书出自毫无才华的人之手，要不就是傻瓜或疯子。

9

虚妄所向无敌

这是愚昧史上的另一篇章。"也许是我理解力有限，但我不明白为什么要花三十页的篇幅描述一个人在床上辗转难眠"——这是普鲁斯特《追忆逝水年华》的第一份阅读报告。对《白鲸》："这类作品很难有机会吸引年轻读者。"对福楼拜的《包法利夫人》："先生，您把您的小说埋藏在一堆杂乱的细节之中，这些细节虽然描写得不错，却纯属多余。"对艾米莉·狄金森："您押的韵全错了。"对乔治·奥威尔的《动物庄园》："在美国根本卖不动一本动物故事书。"

托纳克 历史以各种可能的畸形方式呈现在我们面前，尤其当愚蠢参与传播历史的时候。你们也强调了，文化只喜欢记住创造的高峰——喜马拉雅，而忽略那些不属于人类荣耀的几乎全部东西。能不能再举一些例子说明这另一系列的"杰作"？

卡里埃尔 我马上想到一套不可思议的三卷本：《耶稣的疯狂》。作者比纳－桑格雷（Charles Binet-Sanglé）提出耶稣实际上是"一个肉体和心灵的堕落者"。有趣的是，比纳－桑格雷是一位著名的医学教授，早在20世纪初的1908年出版了这部论著。我选读其中几段："长期厌食，血汗症发作，由于昏厥而过早死于十字架上，这种吞咽式昏厥由某种类似结核病的左胸膜炎渗出造成……"作者还强调，耶稣身材小，体重轻，出身一个只喝好酒的酒鬼世家，等等。简言之，"一千九百年来，西方人类生活在一次误诊之上"。这是一本疯疯癫癫的书，但却带着自身的严肃性，令人不得不肃然起敬。

我还有另一件珍本。19世纪某个法国主教，有一天突然得到神启。他说无神论者不是堕落的人，也不是坏人。他们只是一些疯子。解决办法很简单。只需把他们关进疯人院，加以照料。还要给他们洗冷水澡，每天读二十页的博舒埃[1]。大多数人将恢复健康。

这位主教（该书的作者）叫勒菲布尔，显然很激进，跑到那个时代最著名的精神病学家皮奈尔和埃斯基劳尔[2]那里推销自己的书，但没有被接待。我写过一部电视电影，《信条》，二十五年前由雅克·德雷[3]执导。故事跟这个要把无神论者关起来洗澡的失常主教恰好相反。我当时在《世界报》上读到一则小新闻，在乌克兰的基辅，有位历史学教授被克格勃逮捕并审讯，他被判定为疯子，被关押起来，因为他相信上帝。我于是在电视电影里想象出整个审讯的过程。

1 博舒埃（Jacques-Bénigne Bossuet，1627—1704），法国神学家。
2 皮奈尔（Philippe Pinel，1745—1826）和埃斯基劳尔（Jean-Étienne Esquirol，1772—1840），均为法国精神病学家。
3 雅克·德雷（Jacques Deray，1929—2003），法国导演。

艾柯 还得追溯到更早些时候，我在写《寻找完美的语言》时，遇到了一些疯狂的语言学家和一些疯狂的语言起源理论的作者，在他们之中最有趣的是一些民族主义者——在这些人眼里，他们国家的语言曾是亚当的语言。纪尧姆·波斯特尔[1]认为，克尔特人是诺亚的后代。在西班牙，语言学家声称卡斯蒂利亚语[2]可追溯至雅弗[3]之子土巴。格罗佩斯·贝卡努斯[4]认为，一切语言均源于一种原初的语言，即荷兰语方言。亚伯拉罕·米利乌斯指出，从希伯来文孕育出了一种条顿[5]语言。里克尔男爵坚持人类在起源时代只说佛兰德语。同样在 17 世纪，耶奥尔格·希恩海尔姆[6]在《颂诗语言起源》（*De linguarum origine praefatio*）中证明，哥特语（在他看来就是古挪威

---

1 纪尧姆·波斯特尔（Guillaume Postel，1510—1581），法国语言学家、天文学家。

2 卡斯蒂利亚语，西班牙语方言，现为标准西班牙语。

3 雅弗，诺亚的三个儿子之一。参见《创世记》，10：2。

4 格罗佩斯·贝卡努斯（Goropius Becanus，1519—1572），荷兰语言学家、物理学家。

5 条顿人是日耳曼人的一个分支，尤指德国人。

6 耶奥尔格·希恩海尔姆（Georg Stiernhielm，1598—1672），瑞典诗人，被誉为"瑞典诗歌之父"。

语）是一切语言的起源。瑞典学者欧洛斯·路德贝克在《大西島或人类的家园，雅弗子孙的真正居所》（共三千页！）中声称，瑞典是雅弗的祖国，瑞典语是亚当的最初语言。路德贝克的同时代人安德列阿斯·坎普[1]就所有这些理论写过一首打油诗，诗中的上帝说瑞典语，亚当说丹麦语，夏娃则被一条说法语的蛇所蒙骗。稍后还有安托那·德·里瓦罗尔[2]，当然，他没有坚持法语是原初语言，但却证明法语是最理性的语言，因为，英语太复杂，德语太粗暴，意大利语太含糊，等等。

在此之后，我们有了海德格尔，他断言哲学只用古希腊语和德语就够了——笛卡儿和洛克只好倒霉。最近还出了一些金字塔理论者。最有名的是苏格兰天文学家查尔斯·皮亚兹·史密斯[3]，他从法老胡夫的大金字塔中发现了一切宇宙数据。这些数据种类繁多，网上都有，只需搜索"金字塔"——大金字塔的高度乘以十亿，等于地球和太阳之间的距离；重量乘以一千兆，等于地球的

1　安德列阿斯·坎普（Andreas Kempe，1622—1689），瑞典诗人。
2　安托那·德·里瓦罗尔（Antoine de Rivarol，1753—1801），法国作家。
3　查尔斯·皮亚兹·史密斯（Charles Piazzi Smyth，1819—1900），苏格兰天文学家。

质量；四边周长乘以二，我们就得到了地球赤道一度弧长的六十分之一；大金字塔的周长与地球赤道周长的比例为 1 ： 43200。

卡里埃尔　这就像有些人在问密特朗总统是不是图特摩斯二世[1]转世。

托纳克　同样的，有人传说卢浮宫的玻璃金字塔含有六百六十六块方玻璃，尽管建筑设计师和建筑工人们一直都在否认这个数字的真实性。不过确实，丹·布朗证实了这个数字……

艾柯　我们的疯狂名录可以无穷尽地继续下去，比如著名的提索医生[2]及其关于手淫导致盲、聋、早发痴呆（dementia precox）等多种危害的研究。我再补充一本著

1　图特摩斯二世（Thutmose Ⅱ，1819—1900），古埃及十八王朝的第四世法老，一般认为公元前约 1493 至 1479 年在位。图特摩斯二世的木乃伊现藏开罗埃及博物馆。
2　提索医生（Samuel Auguste Tissot，1728—1797），18 世纪瑞士享有盛名的物理学家、医学家。

作，作者的名字我忘了，书里把梅毒当成危险的疾病，因为它可能引起肺结核。

1869 年，有个叫安得里乌的人出版了一本书，列举牙签的各种危害。有个叫艾科夏尔的仁兄则撰文探讨了各种戳刺技术。另一位叫富梅尔的，在 1858 年解析了棍棒打击的功能，并随书附了个清单，列出每位遭过棒打的著名作家和艺术家，从布瓦洛到伏尔泰再到莫扎特。

卡里埃尔 别忘了埃德加·贝里翁[1]，巴黎心理研究协会会员。他在 1915 年写道，德国人每日排粪比法国人多很多。从粪便量甚至可以辨认出他们的行程。一个旅行者只需在路边观察粪便的体积，就可以知道他已经跨过国境，从德国的帕拉蒂那到了法国的洛兰。贝里翁谈到"德意志人种的多毛类型"，这甚至成了他的一本书的标题。

艾柯 有个叫舍斯尼埃－杜什的人在 1843 年发展了

---

1 埃德加·贝里翁（Edgar Bérillon，1859—1948），法国心理学家。

一套理论，把法语翻译成象形文字，以便全世界人民都能明白。有个叫夏塞侬的人在1779年写了四卷本的《想象白内障、书写狂热症泛滥、文学性呕吐、百科全书式出血与恶魔中的恶魔》，你可以想象这本书的内容（比如对颂曲的歌颂，对甘草根部的思考）。

最有趣的现象莫过于疯子写疯子。古斯塔夫·布鲁内[1]在《文学疯子》中没有区分疯狂的作品和严肃但出自某个可能患有精神疾病的人之手的作品。在他饶有趣味的清单里，既有西哈诺·德·贝热拉克、萨德、傅立叶、牛顿、爱伦·坡和沃尔特·惠特曼，也有1718年发表了一篇论文讨论亚当身高的亨利翁。在苏格拉底的例子里，作者承认苏格拉底从未著述，不是作家，但还是应该把他归到疯子当中，因为苏格拉底自己也透露了，他有个精灵密友[2]（很明显，这是偏执狂的症状）。

在另一本关于文学疯子的著作中，布拉维埃援引了

1　古斯塔夫·布鲁内(Pierre Gustave Brunet, 1805—1896)，法国文献学者、语言学者。《文学疯子》(*Les Fous littéraires*) 1880年出版。

2　在柏拉图《对话录》中，苏格拉底声称有精灵出现，阻止他做正要做的事，如《申辩》31c—d、40a—c；《王制》VI 496c；《会饮》202d—e、219b—c等。

一千五百个名目，其中有新宇宙起源论的捍卫者、支持倒走好处多的保健工作者、某个探讨铁路神学的马德罗尔、在 1829 年发表《地球不动论》的帕松，还有一个叫塔尔蒂的人，他在 1878 年论证了地球每四十八小时自转一周。

托纳克 在《傅科摆》里，你讲到某个出版社，英文名叫虚妄出版社（Vanity Press），是一家由作者自费出书的出版社。在这样的地方也出了一些另类杰作……

艾柯 是的。但这不纯粹是文学杜撰。在写小说以前，我发表了一篇研究这类出版社的调查论文。你把自己的文章交给这类出版社，他们会对其中明显的文学价值赞不绝口，并建议你出版。你兴奋极了。他们会让你签署一份合同，讲明你自己承担出版费用，作为交换，出版社负责安排有利的媒体报道甚至奉承吹捧的书评。合同不写明出版社必须印刷的册数，但强调没有卖出去的样书将被销毁，除非"作者自行买下"。出版商印三百册，其中一百册给作者送亲友，两百册给报社媒体（并很快被丢进垃圾堆）。

卡里埃尔 只需看一眼书上出版社的名头。

艾柯 不过，这种出版社也发行几份印量极小的刊物，很快就会发表书评盛赞这部"重要"作品。为了让亲朋好友一同来赞美，作者大概会自掏腰包买下一百本杂志（由出版商临时加印）。一年以后，他们告诉他，书的销售情况不好，库存（据说有一万册）将被销毁。他本人想买下多少册？作者为心爱的书即将被毁感到极度沮丧。他买下了三千册。出版商赶紧加印出那从来不曾存在过的三千册，卖给作者。这样的买卖欣欣向荣，出版商几乎没有任何发行成本。

虚妄出版社还有另一套做法（这样的出版事件层出不穷），就是我手上的这本著作，《当代意大利人传记词典》。原则是付钱就能在上头露面。我们在里面看到著名的恺撒·帕维泽[1]，"1908年9月9日生于圣·斯蒂凡

---

1 恺撒·帕维泽(Cesare Pavese, 1908—1950)，他是惠特曼、福克纳、乔伊斯、狄更斯和丹尼尔·笛福等英语作家的意大利文译者。他本人是个诗人，最后自杀身亡。显然他是艾柯提到的《传记辞典》里真正的名人，但介绍却极其简单，因为"没有付钱"。

诺·贝尔波，1950年8月26日逝世于都灵"，只有一个说明："译者、作家。"没了。紧接着是某个从来没听说过的德奥达托·保利兹，却占了整整两页篇幅。在这些显赫的无名氏之中，最让人肃然起敬的莫过于某个朱里奥·贾科莫。他编出了一部一千五百页的鸿篇大作，是他与爱因斯坦、教皇皮尔斯十二世的书信集。这部作品只包含他写给这两位的书信，因为，很显然，爱因斯坦和教皇从没有回过信。

卡里埃尔　我出过一本"作者自费"的书，但没想过出售。这本书以演员让·卡尔梅[1]为题。我在他去世不久时写的，只给几个和他亲近的人看。我请了一位助手，把内容输入电脑，装订出五十册。今天，任何人都可以"做"一本书。但发行是另一回事。

艾柯　有份挺严肃的意大利日报向读者提供申请发表文章的机会，出版费颇为低微。出版方不挂名，因为

1　让·卡尔梅（Jean Carmet，1920—1994），法国演员，多次获得恺撒电影奖。

他们不想对作者的观点做任何回应。当然，这种做法是在限制虚妄出版社的行为，但却很可能助长虚妄的行为。虚妄所向无敌。

不过，这种事也有积极的一面。这些出版者不挂名，就像通过网络自由传播一些未发表的文本，堪称地下出版的现代形式，也是在专制统治下传播思想并避开审查的唯一方式。从前那些冒着生命危险从事地下出版的人，如今可以把文章放到网上，这几乎没什么风险。

话说回来，地下出版的技术由来已久。有些17世纪的书，出版地叫"法语城"（Francopolis）之类，显然都是杜撰的地名。这些书有可能使作者被判为异端。作者和出版者都知道这一点，于是采取地下出版的方式。你的书架上若是有一本那个年代的书，并且扉页上没有写明出版者，那么一定是本地下出版物。这是少不了的事。在斯大林专政下，你若无法苟同执政党的观点，那么所能做的无非就是地下出版。你的文章必须多多少少以地下方式传播。

卡里埃尔　在波兰，1981—1984年间，有人会在夜里偷偷把这类出版物塞进门缝。

艾柯　在一般不存在审查的民主政治下，与这种做法相对应的就是那些被出版社拒绝的稿子，由作者放到网上。在意大利，我认识一些年轻的作者就这么做。他们中有一些人还因此得到机会。某个编辑读了一篇文章，就打电话和他们联系。

托纳克　我们似乎总在出版社的可靠直觉上下赌注。我们知道，其实并没有什么绝对可靠的直觉。在书籍的历史上这是颇为有趣也令人困惑的一页。我们也许应该谈谈这个问题。出版者比作者更有远见吗？

艾柯　事实证明，他们有时候会蠢到拒绝一些真正的杰作。这是愚昧史上的另一篇章。"也许是我理解力有限，但我不明白为什么要花三十页的篇幅描述一个人在床上辗转难眠"——这是普鲁斯特《追忆逝水年华》的第一份阅读报告。对《白鲸》："这类作品很难有机会吸引年轻读者。"对福楼拜的《包法利夫人》："先生，您把您的小说埋藏在一堆杂乱的细节之中，这些细节虽然描写得不错，却纯属多余。"对艾米莉·狄金森[1]："您押的韵全错了。"对科莱特的《克罗蒂娜在学校》："我担心这书卖不出十册。"对乔治·奥威尔的《动物庄园》："在美国根本卖不动一本动物故事书。"对《安妮日记》："这小姑娘似乎完全不知道，她的书只能算是满足人们的好奇心罢了。"不过，不只是编辑如此，好莱坞的制片人也一样。1928 年，弗雷德·阿斯泰尔[2]第一次演出时得到一个星探的评语："他不会演戏，不会唱歌，秃头，在跳舞方面只掌握几个基本舞步。"对克拉克·盖博："我们拿长着这么一对耳朵的人怎么办呢？"

卡里埃尔 这些例子确实让人头昏。我们可以试着想象，在全世界所有被撰写并出版的书里，有多少是我们真正觉得美好、感人、难忘的？或者至少值得一读？百分之一？千分之一？我们对书总是有一种崇高的理念，我们自愿将书神圣化。然而，事实上，只要认真观察我

1　艾米莉·狄金森（Emily Dickinson, 1830—1886），美国女诗人，她的诗突破传统的语法和格律的限制，常常只押"半韵"。
2　弗雷德·阿斯泰尔（Fred Astaire, 1899—1987），美国歌舞艺术家，人称"舞王"。

们的书架，就会发现有相当惊人的一部分书出自毫无才华的人之手，要不就是傻瓜或疯子。在亚历山大图书馆收藏的二三十万化为灰烬的卷轴中，肯定包含着很大一部分无知之作。

艾柯　我不认为亚历山大图书馆拥有如此丰富的藏书。我们在讲到古代图书馆时往往夸大其辞，这一点刚才已经说到。中世纪最著名的图书馆至多只有四百卷藏书！亚历山大图书馆藏书肯定更多，因为相传在恺撒时代发生过第一次火灾，仅殃及图书馆一侧，就烧掉了四万卷书。无论如何，我们不能拿我们的图书馆来比较古代图书馆。莎草手稿的制作过程远不能与印刷书籍相比。制作一件独一无二的手抄卷轴，比批量印刷一本书的副本，要花多得多的时间。

卡里埃尔　但亚历山大图书馆是一个雄心勃勃的计划，一个国家图书馆，某个国王（即便是一位伟大的君王）的私人图书馆或修道院图书馆与之不可同日而语。亚历山大城可以与帕加玛[1]古城相媲美，帕加玛的图书馆也被烧了。所有图书馆的命运似乎就是有一天消失于火中。

托纳克　但我们现在知道，大火不仅仅销毁杰作。

卡里埃尔　这是我们给自己的一种安慰。大部分平庸的书消失了，然而，其中有些书也许很有消遣价值，并具有某种程度的教诲意义。在我们的一生中，阅读这类书总是很愉快的。另一些书让我们不安，尤其在想到作者的心理健康问题时。我们也遇到一些坏书，充满挑衅、仇恨、侮辱，乃至呼唤罪恶与战争。是的，一些真正可怕的书。死亡之物。我们若是出版人，会不会出版《我的奋斗》[2]？

艾柯　在某些国家，法律制裁那些对纳粹毒气室的存在持否定态度的人。然而，在禁止出版一本书的权利

1　帕加玛（Pergame），安纳托利亚古国，在今土耳其境内。传说它拥有仅次于亚历山大的古代世界第二好的图书馆。
2　《我的奋斗》（*Mein Kampf*），希特勒的自传。

和销毁一本已出版的书的权利之间，还是有差别的。

卡里埃尔 比如，塞利纳的遗孀就禁止再版《屠杀琐记》[1]。我记得，有一个时期很难找到这本书。

艾柯 在文集《丑的历史》中，我曾援引《屠杀琐记》里的一个章节，讲到排犹分子眼里犹太人的丑陋，但是出版社在申请引用权时遭到塞利纳的遗孀的拒绝。无论如何，在网上还是可以找到这本书的完整版，当然要在纳粹分子的网站上。

我刚才提到一些坚持本国语言在年代上的优势的疯子。这里还有一位，他在当年传播的道理一半正确，一半却值得争议。他被当成异端分子，却奇迹般躲过了火刑。我说的是 17 世纪法国天主教作家佩雷尔[2]的《亚当以前人类存在说》。他解释道，世界历史并非如《圣经》所

1　《屠杀琐记》(*Bagatelles pour un massacre*)，塞利纳 (Louis-Ferdinand Celine，1894—1961) 发表于 1937 的著作，集中体现了他的排犹思想。

2　佩雷尔 (Isaac La Peyrère，1596—1676)，法国神学家，开创了一种亚当以前人类存在学说 (Prea-Adamite)。艾柯提到的书就以此学说名称为书名。

说的六千年，因为人们已经发现中国谱系的年份要久远得多。耶稣的使命是救赎人类的原罪，因此只涉及地中海的犹太世界，而与其他没有沾到原罪的世界无关。这有点类似于不信教的自由思想者们所说的世界多元性问题。倘若世界多元性的假设属实，那么如何解释耶稣基督来到人间而不是别的什么地方呢？至少必须想象他在诸多星球都被钉上十字架……

卡里埃尔　布努埃尔的《银河》[1]是一部反映基督教异端的电影。当时我构思了一个场景，大家都很喜欢，但拍摄费用太高，只好放弃：一艘飞碟在巨大的喧嚣中出现。飞碟的盖子或驾驶舱开了。出来一个长着触须的绿色生物，他用触须挥舞着一个十字架，十字架上钉着另一个长着触须的绿色生物。

我想再讲讲美洲的西班牙征服者们。他们踏上美洲大陆，心生疑问：为什么这里的人从未听说基督徒的上帝、耶稣和救世主。基督不是说过吗："你们往普天下去，

1　《银河》(*La voie lactée*, 1968)，布努埃尔的信仰三部曲之一，由卡里埃尔编剧。

传福音给万民听"？[1]

　　上帝让使徒传福音给万民，上帝不可能弄错。符合逻辑的推论因而是：这些生命不算人类。正如塞普维达所言："上帝不想要这些人进他的国。"有些人为了证明美洲印第安人终究还是真正意义的人类，只好伪造出一些假装在本地找到的十字架，以说明在西班牙人登岸以前已有基督教使徒在这块大陆传道的踪迹。但他们的花招被拆穿了。

1　此处直接引用《马可福音》（16∶15）的和合本译文。

为什么只关注智慧、杰作和精神丰碑的历史？在我们看来，福楼拜所珍视的人类的愚蠢要普遍得多，这是显而易见的。愚蠢更丰富多产，更具启发性，在某种意义上，更公正。

10

愚蠢颂

人类是一种不可思议的造物。他发现火，建就城市，创作美妙诗篇，解释世界万物，创造神话形象，等等。然而，与此同时，他从未停止与同类战争，铸下大错，毁坏环境。在高等心智与低级愚蠢之间的平衡，最终形成某种近乎不好不坏的结果。因此，当我们决定谈论愚蠢，从某种意义来说，我们在向人类这一半天才、半愚昧的造物致敬。

托纳克 如果我没有弄错的话，你们二位都是"愚蠢"的爱慕者……

卡里埃尔 铁杆的爱慕者。愚蠢大可对我们放心。六十年代，我和居伊·贝什泰尔[1]在写后来不断再版的《愚蠢辞典》时曾自问：为什么只关注智慧、杰作和精神丰碑的历史？在我们看来，福楼拜所珍视的人类的愚蠢要普遍得多，这是显而易见的。愚蠢更丰富多产，更具启发性，在某种意义上，更公正。我们写了一篇前言叫"愚蠢颂"。我们甚至还打算开一门"愚蠢课"。

在我们看来，关于黑人、犹太人、中国人、女人和伟大艺术家所写过的蠢话，远远比有关他们的智慧分析更具启发性。在复辟时代，极端反动的凯兰大人[2]在巴黎

1　居伊·贝什泰尔（Guy Bechtel, 1931— ），法国作家，历史学家，这里提到的书是《愚蠢辞典》（*Dictionnaire de la bêtise*）。
2　凯兰大人（Paul François de Quelen de La Vauguyon, 1746—1828），出身于法国极为古老的贵族家庭，七年战争以后曾任科涅克地方总督、路易十六随身侍从等。

圣母院的讲道台上，面对听众席上重返法国的流亡贵族宣称："耶稣基督不仅是上帝之子，从他母亲一方来看也出身高贵。"他的话向我们传达许多东西，不仅与他本人有关（我们对此的兴趣只是相对的），更体现他那个时代的社会和精神面貌。

我想起豪斯顿·斯蒂华·张伯伦[1]的这句珍珠般的话（众所周知，他也仇视犹太人）："谁敢声称耶稣基督是犹太人，这人要么是无知，要么是无礼。"

艾柯　不过，我还是希望我们能做一个界定。就我们的话题来说，这无疑很重要。我曾在一本书里区分了"弱智"（imbécile）、"痴呆"（crétin）和"愚蠢"（stupide）。痴呆与我们讨论的话题无关。痴呆把调羹举到前额而不往嘴里送，他不明白你对他说什么。这个区别就出来了。弱智是一种社会特质，你也可以叫它别的，因为在某些

1　张伯伦（Houston Stewart Chamberlain, 1855—1927），早期纳粹思想家。

人眼里"愚蠢"和"弱智"是一回事。弱智是在特定的时间说了不该说的话。弱智的人是不自觉地说蠢话做蠢事的人。愚蠢的人有所不同，他的缺点不是社会性的，而是逻辑性的。愚蠢的人乍眼看去似乎能以正确的方式进行思考，我们很难一眼辨出端倪。这也是为什么他们最危险。

我要举个例子。愚蠢的人会说："比雷埃夫斯人全是雅典人。雅典人全是希腊人。因此，希腊人全是比雷埃夫斯人。"你听了不免起疑，因为你知道希腊人中还有斯巴达人等等。但你没办法证明哪里错了，如何错了。你必须了解形式逻辑的规则才能做到这点。

卡里埃尔　在我看来，愚蠢的人不仅仅是错了，他还大声疾呼自己的谬误，昭告天下，要所有人都听见。愚蠢像喇叭一样响亮，这多少让人有点惊讶。"现在，我们从确凿的消息来源知道……"接着就是长篇蠢话。

艾柯　你说得完全对。如果我们反复强调一个老套平常的真理，很快这一真理也变得愚蠢。

卡里埃尔 福楼拜说，愚昧就是一心想下结论。傻瓜[1]想自行找到不容置疑、决定性的解决方法，想一劳永逸地终结一个问题。这种愚昧做法在某些社会里被视为真理，尽管如此，当我们隔着历史去看，还是极具教育意义。一直以来，我们仅限于学习（或者别人只让我们学习）美和智慧的历史，然而正如刚才所言，这只是人类行为中微乎其微的部分。或许我们还应该考虑，在丑的历史之外增加一个关于谬误和无知的通史。话说回来，你已经开始这么做了。

艾柯 我们刚才讲到艾提乌斯和他记录前苏格拉底哲人著述的方式。毫无疑问：这家伙是个蠢人。至于"愚昧"（bêtise），按你刚才这么说，我觉得它不能等同于"愚蠢"（stupidité）。愚昧更像是一种处理愚蠢的方式。

1　卡里埃尔并没有遵守艾柯对弱智（imbécile）、痴呆（crétin）和愚蠢（stupide）的区分。在他的语境里，imbécile、stupide 和 bête 更像是通用的，没有严格的区分。

卡里埃尔 以强调的方式，往往更夸张。

艾柯 人可以愚蠢而不完全愚昧。有时是意外的愚蠢。

卡里埃尔 是的，但这样一来，愚蠢就不能成为一个行当。

艾柯 确实，有人以愚昧为生。在你刚才的例子里，说耶稣从母亲一方"出身高贵"，在我看来并非绝对愚蠢。原因很简单：从注经的角度而言这是对的。我认为，这属于"弱智"的范畴。我可以说一个人出身高贵。我不能说耶稣出身高贵，至少这不重要，既然他是上帝之子。因此，凯兰讲了一个史实，却不合时宜。"弱智"的人说话总是欠缺分寸。

卡里埃尔 我想到另一句话："我并非出身高贵。但我的孩子们是。"除非这是玩笑话，否则这至少是一个沾沾自喜的弱智。再来说凯兰大人。这是一位巴黎大主教，思想显然极其保守，但在当时的法国具有极高的道

240

德威望。

艾柯　那么，让我们更正刚才的定义。"愚昧"（bêtise）是一种傲慢而固执地处理"愚蠢"（stupidité）的方式。

卡里埃尔　这个定义不错。我们可以援引那些企图毁掉我们今天心目中的大文豪或艺术大师的人，他们为数众多，可以大大丰富我们的例证。侮辱总是比赞美醒目得多。必须承认并理解这一点。真正的诗人会在一场侮辱风暴中闯出自己的路。贝多芬的《第五交响曲》曾被评为"一片猥亵的破碎声"，"音乐的终结"。我们更不会料到，对莎士比亚、巴尔扎克、雨果等人施加侮辱性言论的人当中，会出现一些赫赫有名的名字。福楼拜甚至这么说过巴尔扎克："如果巴尔扎克知道该怎么写作的话，他会是个怎样的人呐！"

此外还有爱国主义、军国主义、民族主义、种族主义的愚昧。我们可以看看《愚蠢辞典》中有关犹太人的词条。其中的引文所传达的与其说是仇恨，不如说是简单的愚昧。充满恶意的愚昧。比如：犹太人天生爱钱。证据是一个犹太母亲分娩遇到困难时，只需在她的肚子边敲响几枚钱币，犹太小孩就会张着手出世。这是1888年某个费尔南德·格利高里写下的话。白底黑字地写出并印刷出来。傅立叶声称犹太人是"社会主体的鼠疫和假霍乱"。普鲁东[1]在日记上写道："必须把这个种族遣送到亚洲，或灭绝它。"这些就是出自一般称为科学人士之手笔的"真理"，在背后放冷箭的"真理"。

艾柯　诊断：愚蠢还是弱智？有个关于弱智（就我本人的理解）的显赫例子，那是乔伊斯回忆和史格芬顿先生[2]的一次对话。史格芬顿说："我听说你弟弟去世了。"回答："他当时只有十岁。"史格芬顿回道："这总是让人难过。"

卡里埃尔　愚昧往往接近谬误。对愚昧的兴趣促使我

1　普鲁东（Pierre-Joseph Proudhon，1809—1865），法国作家，第一个自称"无政府主义者"的人。
2　指乔伊斯的密友、爱尔兰诗人弗朗西斯·史格芬顿（Francis Skeffington，1879—1916）。

关注你对虚假的研究。这两条道路完全被传统教育所忽略。每个时代既有其真理的一面，也有众所周知的愚蠢的一面，极大的愚蠢，然而传统教育只负责教授和传播真理。从某种程度而言，愚昧被过滤了。是的，确实有"政治上正确"和"理智上正确"之分。换言之，有一种所谓的好的思考方式，不管我们愿不愿意。

艾柯　这就像测试酸碱性的石蕊试纸。石蕊试纸让我们知道在任何情况下我们究竟是一个傻瓜还是一个弱智。回到你刚才对愚昧和虚假的比较：虚假并不一定是愚蠢或弱智的表达方式。虚假就是一次谬误。托勒密真诚地相信地球静止不动。由于缺少科学信息，他犯了一个错误。但是，也许我们明天会发现，地球并不绕着太阳转，那时我们又会回头赞扬托勒密的智慧。

违心地行事，就是言与知相悖。人们一直都在真诚地犯错。谬误横贯人类的历史，这不算坏事，否则我们就成了神。我所研究的"虚假"概念其实颇为微妙。有一种虚假来自于对某种原物的摹仿，并且必须与这个原型保持完美的同一性。在原物和虚假之间具有莱布尼兹意义上的不可分辨性。在这种情况下，谬误在于把真理的价值给予某个我们早已知道是虚假的事物。此外还有托勒密的错误推理，他真诚地说出他的推论，但他弄错了。这意味着他不是要让人相信地球静止不动（我们已经知道地球绕着太阳转）。不。托勒密真的相信地球静止不动。在托勒密身上丝毫没有弄虚作假的成分，隔着历史来看，这只是一个谬误的知识罢了。

卡里埃尔　如此精确似乎不会让我们定义真假的任务更容易：毕加索承认他自己也可以画毕加索赝品。他甚至吹嘘说那将是世界上最棒的毕加索赝品。

艾柯　基里科也承认画过基里科赝品。我必须承认，我自己也制作过一件艾柯赝品。意大利有份类似于《笨蛋一周》[1]的讽刺杂志，有一次策划了一个假想火星人降临地球的特刊，叫"夜间来信"（Corriere della Sera）。当然都是一些杜撰的文章。他们请我写了一篇戏仿艾柯的

1　《笨蛋一周》（*Charlie Hebdo*），法国政治讽刺周报，现任出版人为菲利普·沃尔（Philippe Val）。

文章。

卡里埃尔 这也是一种逃离自己的方式，如果不能逃离自己的精神，起码可以逃离自己的肉身、自己的存在。

艾柯 不过首先是自我批评，突出自己的陈词滥调。为了"假装成艾柯"，我必须重复这些陈词滥调。因此，制作自己的赝品是一个非常健康的练习。

卡里埃尔 我们花了多年时间研究愚蠢也是如此。在很长的时间里，我和贝什泰尔疯狂地只读那些极其糟糕的书。我们认真研究各大图书馆的书目，某些书名会给我们一个期待中的宝贵想法。当你在书目中看到这么一个题目，"论早期自行车对良好风俗的影响"，你肯定有所收益。

艾柯 当疯子和你自己的生活相互影响时，问题就来了。我刚才说到，我曾研究过虚妄出版社出版过的疯子们。当然我是带着嘲弄复述他们的观点。然而，他们中有些人并没有意识到嘲弄，反而写信感谢我重视他们的思想。《傅科摆》也是如此，小说批评那些真理的"信使"，引起他们的示威抗议，其激烈程度让人意想不到。我至今还常接到圣殿骑士团[1]某位大人物的电话（幸运的话是我太太或秘书接电话）。

卡里埃尔 来点儿轻松的，我读一封发表在《愚蠢辞典》里的信，你马上就会明白原因。我们在《使徒传道杂志》找到的（是的，我们当时连这也读）。有位神甫感谢收信人给他一种奇迹水，这种水在"病人未知"的情况下很有疗效。"我连续九天让他服用，他毫不知情。他有整整四年处于生死边缘，也在整整四年里抗拒我，带着令人绝望的固执，说着令人发抖的亵渎神灵的话。他终于在九日经之后安详地断气了，带着某种虔诚的情感，

---

1 圣殿骑士团（Ordre du Temple），12世纪至14世纪欧洲骑士团体，全盛时据说有两万多成员，富可敌国。圣殿骑士团有独特的神秘符号和秘密宗教仪式来藏匿珍宝，他们巨额财宝的下落至今仍是历史之谜。有关圣殿骑士团的传说激发了众多文学想象，包括《艾凡赫》、《傅科摆》、《达芬奇密码》等。

这份虔诚由于始料不及而让人倍感欣慰。"

艾柯　这家伙究竟是痴呆、愚蠢还是弱智，实在难以判别。困难在于这些分类是理想类型，如德国人所说的 Idealtypen。然而，我们在大多数时间遇到的某个人往往兼具三种特性。现实比类型学复杂多了。

卡里埃尔　我有很多年没回到这些问题上了。但我再次感到震惊，研究愚蠢问题是如此让人兴奋。不仅因为愚蠢引出书的神圣化问题，还因为愚蠢让我们认识到，我们中的任何人在任何时候都有可能说出类似蠢话。我们总是处于说傻话的边缘。我再读一句夏多布里昂的话，他评论自己一点都不喜欢的拿破仑："其实，他就是一个战争大赢家，除此之外，任何将军都比他能干。"

托纳克　能否具体讲讲你们两人都有的这种酷爱——对促使人类意识到自身局限和不完美的东西的酷爱？对你们来说，这里面是否隐含着某种悲悯情怀？

卡里埃尔　在我生命中的某个时期，那时我将近三十岁，受完高等教育，在传统的轨迹中生活——突然之间出现了脱节。1959—1960 年，我当兵参加阿尔及利亚战争……我突然发现，先前人们教我的一切东西完全没用，我是说，毫无意义。当时我读一些殖民问题的文章，其愚蠢和暴力的程度，我几乎无法想象，从来没有人把这样的东西摆在我眼前。于是我开始思考。我多么希望走出那些被人踏平的寻常小道，去看看四周广漠的大地，灌木丛，甚至沼泽。居伊·贝什泰尔的经历和我相似。我们是在高考文科预备班里相识的。

艾柯　我想我们处于同一"波段"，虽然形式明显不同。你曾经在《死亡与不朽》的百科全书[1] 里把我的文章当作结语。我在那篇文章里写道，为了接受生命终将结束的想法，我们必须说服自己，所有在我们之后还活着的人都是蠢货，没必要浪费时间和他们待在一起。这是

1　原注：《死亡与不朽》(*La Mort et l'Immortalité, Encyclopédie des savoirs et des croyances*, sous la direction de Frédéric Lenoir et Jean-Philippe de Tonnacn Bayard, 2004)。

以悖谬的方式指出如下事实：我们倾尽一生都在耕耘人类的伟大美德。人类是一种不可思议的造物。他发现火，建就城市，创作美妙诗篇，解释世界万物，创造神话形象，等等。然而，与此同时，他从未停止与同类战争，铸下大错，毁坏环境。在高等心智与低级愚蠢之间的平衡，最终形成某种近乎不好不坏的结果。因此，当我们决定谈论愚蠢，从某种意义来说，我们在向人类这一半天才、半愚昧的造物致敬。而当我们渐渐临近死亡——正如咱俩的现状——我们开始觉得愚蠢胜过美德。这当然是自我安慰的最佳方式。比如说，有个水管工来我家修漏水的浴室，临走时他要了一大笔钱，等他走了，浴室继续漏水，这时我为了安慰自己，对我太太说："这是个傻瓜，不然他也不会来修水管，而且这么烂。不然他就该是博洛尼亚大学的符号学教授了。"

卡里埃尔　在研究愚蠢问题时，我们发现的第一件事就是我们自己是傻瓜。显然，我们不可能把别人当成傻瓜自己却不受惩罚。我们最终会意识到，别人的愚蠢恰如一面镜子朝我们张开。一面永久、精准、忠实的镜子。

艾柯　我们不要陷入埃庇米尼得斯[1]的悖论，他曾说所有克里特人都是骗子。他自己是克里特人，所以他肯定也是骗子。如果一个蠢货说别人全是蠢货，尽管他是蠢货，他说的话却也有可能是真的。如果他补充说别人全是蠢货，"和他一样"，那么他就证明了自己还有点儿智慧。这不可能是个蠢货。因为别的人用尽一生都在试图忘记自己是蠢货。

我们还有可能陷入另一种欧文提及的矛盾：所有人全是蠢货，除了你和我。尤其是你，归根到底，在认真想过以后……

卡里埃尔　我们的精神都有些狂热。我们收藏的书全都见证了我们的想象令人眩晕的程度。一边是不着边际的妄想和疯狂，另一边是愚蠢，想要区分这两者尤其困难。

1　埃庇米尼得斯（Épiménide de Knossos），古希腊先知、诗人、哲人。据柏拉图在《法义》(1,642d) 里的说法，他生活在公元前 556 年前后。

艾柯　我又想到愚蠢的另一个例子。1623年在法国，一个叫奈奥斯的人写了一篇关于玫瑰十字会[1]的檄文，当时人们都在讨论这个秘密社团究竟存在与否。作者写道："他们向世人隐藏其存在，恰恰证明了他们的存在。"存在的证据在于他们否认自身存在。

卡里埃尔　这个观点我觉得似乎可以接受。

托纳克　也许，当然这只是个假设，我们可以把愚蠢视为一种古老的疾病，向所有人开放的新科技是否有助于抵抗这种疾病？你们是否赞同这一积极的诊断？

卡里埃尔　我反对悲观地看待我们的时代。这太容易，满街都是。然而我想引用米歇尔·塞尔在回答一个记者提问时的话，我忘了那次访问的具体情况，与阿斯

1　玫瑰十字会（Rose-Croix），中世纪末期欧洲的一个神秘主义宗教社团，以玫瑰和十字作为象征。

旺水坝[1]修建提案有关。当时成立了一个委员会，召集了水利工程师、各种材料专家、混凝土专家、也许还有生态学家，但没有哲学家或埃及学家。米歇尔·赛尔为此感到震惊。记者则为他的震惊而震惊，问道："一个哲学家在这样的委员会里有什么用处？"米歇尔·塞尔回答："他会注意到缺了埃及学家。"

哲学家有什么用处？赛尔的回答跟我们关于愚蠢的话题不是有奇妙的联系吗？我们应该在生命的哪个阶段以什么方式开始跟愚蠢、平庸以及残忍又可悲的顽固打交道？这些将成为我们每日的面包，与我们形影相随。在法国，关于从几岁开始学习哲学一直存在争议——当然法国人对一切都有争议。如今中学最后一年开始教授哲学。为什么不更早一点呢？为什么不让孩子们同时也学习开启文化相对主义的人类学呢？

艾柯 在最有哲学传统的国家德国，中学竟然没有开设哲学课程，这实在让人难以想象。相反，在意大利，

---

1 阿斯旺水坝，位于埃及城市阿斯旺的尼罗河畔。

由于受到德国的理想主义历史决定论的影响，中学有三年哲学史课程，这与法国的哲学实践课程不同。知道一点前苏格拉底哲人到今天的哲学家们想些什么，我想还是有用的。唯一的风险是天真的学生可能会以为最后出现的思想最有道理。不过，我完全不了解法国年轻人学习哲学的情况。

卡里埃尔　我对中学最后一年的印象是完全迷失。教学大纲分成好几部分：哲学概论、心理学、逻辑学和伦理学。只是如何才能构想一本哲学教科书呢？何况，那些没有我们所谓"哲学"的文明又该怎么办？我当时的想法带有人类学的意味。比如，"哲学概念"是一个纯西方的说法。我们如何向一个印度人（即便是极为高雅的印度人）解释某个"概念"，又如何向一个中国人解释"超验"！我们进一步谈谈教育问题——当然，我们不假装自己可以解决这些问题——自从所谓的于勒·费里[1]改革以来，法国推行义务教育，但也是强制教育。换言之，

1　于勒·费里（Jules Ferry, 1832—1893），法国政治家，他在1880—1881年间推行教育改革法。

共和国必须毫无差别地把同样的内容教给每个公民，尽管人们一方面也知道，绝大多数人不会把学业进行到底，这种做法的目的在于通过筛选为国家培养领导精英。我本人就是这一教育体系的绝对受益者。没有于勒·费里，我今天就不会坐在这里和你对话。我很可能会是法国南部某个又穷又老的农夫。谁知道呢？

任何教育体系都是由一个社会孕育、创建并实施，必然也是这个社会的反射。然而，在于勒·费里时代，法国社会和意大利社会与今天判若两样。在法兰西第三共和国[1]期间，百分之七十五的法国人是农民，工人约占百分之十或十五，所谓的精英就更少了。如今农民仅占百分之三或四，但我们依然实施同样的教育方针。在于勒·费里时代，学业上没有收获的人可以在农业、手工业、工厂和仆役等领域找工作。随着服务业和白领阶层的兴起，这些行业如今渐渐消失，在高考前后放弃学业的人待遇一落千丈。没有什么行业可以容纳他们，来减缓这种败落。我们的社会在逐渐变形，教育体系却几乎

1　法兰西第三共和国（La Troisième République），1870 年至 1940 年统治法国的共和政府。

保持原样，至少教育基本方针一成不变。

还有一点，今天有更多的女性接受高等教育，她们将和男性竞争数量并未增多的、传统上备受青睐的职位。不过，手工行业虽然不再吸引大部分就业者，却在继续唤起某些人的使命感。几年前，我做过某个奖项的评委，这个奖颁给从事所谓"工艺美术行业"的人，也就是手工业里最顶尖的行业。当我看到这些人所使用的材质、掌握的技艺以及他们展示的才华时，简直目瞪口呆。无论如何，在这个领域，一切都保持完好。

艾柯　是的，在我们这个就业成问题的社会里，有些年轻人重新发现了手工行业。这在意大利是既成的事实，在法国和其他西方国家无疑也是如此。当我遇到这些新的手艺人时，他们常常会注意到我信用卡上的名字，我意识到他们读过我的书。在五十年前，同样的手艺人很可能不会读这类书，因为他们没有把学业进行到底。而这些年轻人在从事一项手工行业以前则接受过高等教育。

有个朋友讲过一个故事。有一次在纽约，他和一个研究哲学的同事坐出租车去普林斯顿大学。按我朋友的描述，出租车司机长得像头大熊，整张脸藏在又长又浓密的头发里。他先开话头，想了解一下自己的乘客。他们就说在普林斯顿教书。但司机还想知道得更详细些。那个同事有点恼火，就说自己正在通过"悬搁"[1]概念研究超验感知……司机打断他，说："你是说胡塞尔，对吧？"

那显然是一个哲学系学生在勤工俭学开出租车。不过，在那个年代，一个出租车司机知道胡塞尔，可是一件稀罕事。如今碰到的出租车司机，可能会让你听古典音乐，就你最后一部符号学著作提问。这并非完全是超现实主义的情节。

卡里埃尔　总的来说，这都是好消息，对吧？在我看来，即便生态危机（当然这可不是捏造的，远远不是）也可能激发我们的智慧，以防我们昏睡太久太沉。

1　"悬搁"（Épochè），胡塞尔现象学的一个重要概念。

艾柯 我们可以强调文明的各种进步，这些进步极为显著，并且涉及在传统中毫不相干的各个社会范畴。但与此同时，愚蠢也越来越多。从前的农民不说话，并不是因为他们愚蠢。受过教育也不一定意味着智慧。不。今天有这么多人渴望被人听见，致命的是，他们只被人听见了他们自己的愚蠢。从前的愚蠢没有爆发，不为人所知，今天的愚蠢却肆意横行。

与此同时，上述关于智慧与愚蠢的说法也是靠不住的。在换灯泡的问题上，我是一个彻底的傻瓜。在法国有没有类似的笑话："换个灯泡需要几个……人？"没有吗？在意大利我们有很多版本。从前的主角是皮埃蒙特区的库内奥人："换个灯泡需要几个库内奥人？"答案是五个：一个拿着灯泡，四个抬着第一个人站着的桌子转圈。这个故事在美国也很流行："换个灯泡需要几个加利福尼亚人？"十五个：一个换灯泡，十四个在一边交换换灯泡的经验。

卡里埃尔 你讲到库内奥人。库内奥是意大利北部城市。我有个印象，在任何民族里，最愚蠢的人似乎总在北部。

艾柯 当然，因为北方有更多的人患甲状腺肿，北方的山脉意味着与世隔绝，北方专出蛮族袭击我们的城市。这是南方人的报复，因为南方贫穷，技术也更落后。当北方联盟（一个种族主义组织）主席安伯托·波西第一次"下来"拜访并发表演说时，人们在罗马挥舞着标语："你们还在树丛里讨生活时，我们已经是同性恋啦！"

南方人总是批评北方人没有文化。文化有时是科技侵略的最后一个领地。如今在意大利，库内奥人已经换成宪兵警察团（carabinieri）。我们的警察很有天分，因此享有这等美誉。就某种程度而言，这倒也见证了他们的智慧。

在警察之后是球星弗朗西斯科·托蒂[1]。托蒂对此的回应很漂亮，他出版了一本书，里面收集了所有关于他的传闻。他把这本书的收入全部捐给慈善机构。关于他的传言就此停歇，每个人都自行修正了对他的评判。

---

1 弗朗西斯科·托蒂（Francesco Totti），意大利足球队前锋。

某个"辉煌一时"的人物被我们不知不觉地淡忘。他自行消失，毫不引人注意，去了黑暗王国。某个人走出我们的记忆，被缓缓驱逐出我们的历史书，我们的谈话，我们的纪念，就好像他从来不曾存在过一样。

11

互联网，或"除名毁忆"之不可能

比如古罗马人想出来的"除名毁忆"之刑。"除名毁忆"由元老院投票表决，判处某人在死后处于默默无闻和彻底遗忘之中，也就是将他从官方名录中删除，销毁他在公共场所的雕像，或将他的出生日宣布为凶日。话说回来，在斯大林时代，人们也干过类似的事，把某个被放逐或遭暗杀的领导人从照片里抹掉。今天要想让某个人从某张照片上消失可就困难多了，人们很快就能在网上找到原本的老照片。消失者不可能消失很久。

托纳克　你们对查禁《撒旦诗篇》[1]有什么想法？一个宗教组织查禁一本在英国已经出版的书，这是不是一个令人不安的信号？

艾柯　相反，萨尔曼·拉什迪事件应该让我们感到极大乐观。为什么？因为，在从前，一本书遭到宗教机构的查禁就再也不可能幸免于难。作者也必然冒着被烧死或刺杀的风险。而在我们建构起来的交流世界里，拉什迪幸存了下来，受到全体西方社会知识分子的保护，他的书也没有就此消失。

卡里埃尔　然而拉什迪事件所引发的社会动员并没有发生在其他遭到宗教审查或暗杀的作者身上，尤其在中东地区。我们只能说，写作从来都是一种危险的行为。

1　《撒旦诗篇》（*The Satanic Verses*），印度裔英国作家萨尔曼·拉什迪（Salman Rushdie）发表于 1988 年的小说，引起极大争议。1989 年 2 月，伊朗什叶派宗教领袖霍梅尼签发一份死亡宗教裁决令，萨尔曼·拉什迪不得不接受英国警察的保护，在公众面前消失达九年之久。

艾柯　不过我相信，在全球化的社会里，我们能够获得一切信息，并为此作出反应。倘若互联网存在，纳粹对犹太人的大屠杀是否还有可能？我不能肯定。所有人将立即知道刚刚发生了什么。中国也是同样的情况。虽然竭力过滤网民可能看到的东西，信息还是得到双向的传播。中国人可以知道发生在世界各地的事件。我们也能知道发生在中国的事情。

卡里埃尔　为了在网上实施审查，中国人想出了各种极其复杂的措施，但效果并不理想。因为网民们最终总能找到应对办法。在中国就像在别的地方一样，人们使用手机，可以随时拍摄下他们看到的场景，这些影像随后就传播到世界各地。想要掩藏什么东西，这将越来越困难……

互联网，或"除名毁忆"之不可能

艾柯　我想到昂山素季[1]。当国际舆论发出援助呼声时，缅甸军政府就很难把她的事情蒙在鼓里。正如我们所看见的，英格丽德·贝当古[2]也是一样。

卡里埃尔　不过，我们也不要以为，这个世界上查禁和专制已经消失。远非如此。

艾柯　话说回来，减法也许可以消除查禁，加法就很难。这是媒体的典型特点。想象一下：有个政客写信给一家报社，声称自己并没有如人们所指控的贪污腐败。报社公开发表了这封信，但为了保持公允在旁边刊登了一张写信人的照片：他正站在冷餐台前吃点心。这样一来：我们眼前就有个吞吃公款的人的形象。不过，这个人本来可以做得更漂亮些。如果我是国家元首，知道明天会有一条关于我的负面新闻，很有可能成为头版头条，那么我就让人在夜里往中央车站投一颗炸弹。明天的报

1　昂山素季（Aung San Suu Kyi，1945— ），缅甸女政治家，曾长期遭缅甸军政府软禁，1991 年获得诺贝尔和平奖。

2　英格丽德·贝当古（Íngrid Betancourt，1961— ），哥伦比亚女政治家、反贪污活动家，2002 年被哥伦比亚反政府武装力量绑架，2008 年获释。

纸全都会换掉头版头条。

我在想，有些暴力事件的来源是否就在于此。不过我们也不要陷进那些阴谋论里，说9·11事件并非我们以为的那样。有足够多的发热脑袋会去干这件事。

卡里埃尔 我们不能想象，一个政府为了掩盖某些行径而任凭三千多名公民就此死去。这当然是不可想象的。不过，在法国有一个出名的例子，就是本·巴尔卡[1]事件。迈赫迪·本·巴尔卡是摩洛哥政治家，在法国的丽普酒馆前被绑架，几乎可以肯定是被暗杀了。戴高乐将军在爱丽舍宫举行记者会，所有记者都赶过去了："我的将军，您听说迈赫迪·本·巴尔卡被绑架已经好几天了，为什么直到现在才和媒体联系？"戴高乐做了一个沮丧的手势，回答道："这归咎于我没有经验。"所有人都笑了，问题得到解决。在这一事件里，消遣效果发挥了作用。笑声战胜了一个人的死亡。

---

1 迈赫迪·本·巴尔卡（Mehdi Ben Barka，1920—1965），摩洛哥反对派领袖，1965年10月在巴黎街头被绑架失踪。

托纳克 还有什么审查形式因为网络的存在而变得困难或者不可能吗?

艾柯 比如古罗马人想出来的"除名毁忆"(damnatio memoria)之刑。"除名毁忆"由元老院投票表决,判处某人在死后处于默默无闻和彻底遗忘之中,也就是将他从官方名录中删除,或销毁他在公共场所的雕像,或将他的出生日宣布为凶日。话说回来,在斯大林时代,人们也干过类似的事,把某个被放逐或遭暗杀的领导人从照片里抹掉。今天要想让某个人从某张照片上消失可就困难多了,人们很快就能在网上找到原本的老照片。消失者不可能消失很久。

卡里埃尔 还有"自发的"(spontané)集体遗忘,在我看来,这比集体荣誉更强大。这不像古罗马元老院那样是有意识的决定,而是无意识的选择,一种间接的修正主义、平和的驱逐除名。集体记忆存在着,正如集体无意识和集体遗忘也存在着一样。某个"辉煌一时"的人物被我们不知不觉地淡忘,没有人故意驱逐,没有人使用暴力。他自行消失，毫不引人注意，去了黑暗王国。某个人走出我们的记忆，被缓缓驱逐出我们的历史书，我们的谈话，我们的纪念，就好像他从来不曾存在过一样。

艾柯　我认识一个意大利评论家，据说他会给人带来厄运。人们流传着关于他的传说，很可能他本人最终也演绎起了这个传说。直到今天，人们讨论很多作品时始终不提他的名字，尽管他在这些作品中占有绝对重要的意义。这也是某种形式的"除名毁忆"。至于我嘛，我从来都不忌讳提到他。这不仅因为我是全世界最不迷信的人，还因为我非常欣赏他，到了不能掩饰的地步。有一次，我甚至决心坐飞机去拜访他。由于我没有因此而遭到什么厄运，人们又传说我受到他的保护。总之，除了包括我在内的"少数幸存者"（happy few）还在继续提到他以外，他的荣誉确实已经失去了光彩。

卡里埃尔　当然，有好些办法可以判处一个人、一部作品或一种文明处于沉默和遗忘之中。我们提到了其中

互联网，或"除名毁忆"之不可能

几种办法。有条不紊地摧毁一种语言——正如西班牙人在美洲所做的那样——显然是最佳办法，让这种语言所表述的文明彻底不可接近，并且接下来对这种文明为所欲为。

然而，我们看到，这些文明、这些语言还是抵制住了。让一种声音彻底消停，把一种语言彻底抹去，这并不容易；几世纪的时光始终在一边低吟。你说得对，拉什迪事件给人希望；这无疑是全球化社会最具有象征意义的成果之一。唯一的风险在于，传播中的信息变得无法证实，所有人都可能成为提供信息的人。我们刚才也谈到这一点。自愿提供信息的人，或多或少有点能力，或多或少带着偏见，很有可能突然就成为信息的杜撰者、臆造者，每天对着世界幻想。我们很有可能按照自己的意愿去描绘世界，接着又把我们描绘的样子当成事实。

想要解决这个问题——倘若有必要解决的话，毕竟想象的新闻也不乏魅力——就意味着没完没了的核实。而这令人厌烦。单单一个证人不足以证明一个事实（对于一桩犯罪也是如此），必须汇集各种观点和证词。但在大多数时候，如此庞大的工程所需要的信息核实工作并不值得去做。人们任其传播。

艾柯 不过，大量证据未必就有用。我们看到了警察针对喇嘛的暴力行为。它激起了国际舆论的愤怒。但如果屏幕上连续三个月播放喇嘛被警察殴打的画面，那么即便最为关切的公众，最有可能介入的公众，也不会再关注。因此，有一个临界区域：信息量低于它，新闻无法被感知；超过它，新闻就只是背景噪音。

卡里埃尔 这就像一些不断膨胀又破灭的泡泡。我们先是在"受迫害的喇嘛"这个泡泡里。紧接着是"英格丽德·贝当古"的泡泡。但两个泡泡都破了。接着又有"次贷"危机，然后是银行危机，或股市危机，或两者兼有。接下来的泡泡会是什么呢？假设一阵可怕的飓风朝佛罗里达方向刮去，却在中途突然风力大减，我猜记者们大概都会感到失望。然而这对当地居民却是天大的好消息。在这个庞大的新闻网络里，真正意义的新闻是如何建构的？谁能解释一个新闻传遍全球，在一定时间内吸引所有人的关注，而几天以后却无人问津？

互联网，或"除名毁忆"之不可能

举个例子：1976年，我在西班牙和布努埃尔一起创作剧本《隐晦的欲望》[1]。我们每天都会收到报纸。我们从报上得到消息，有颗炸弹在巴黎蒙马特的圣心教堂爆炸！我们又惊愕又高兴。没有人声称对这起暴力事件负责，警方正在调查之中。对布努埃尔来说，这是一个重大新闻。在这座耻辱的教堂，这座声称"为巴黎公社社员赎罪"的教堂[2]，有人居然放了一颗炸弹！这是不期的收获，意外的乐事。话说回来，一直有人在尝试摧毁这座可耻的建筑物，或者——像某个时期的无政府主义者们那样——把它粉刷成红色。

第二天，我们抢着读报纸，想了解后续新闻。报上只字未提。我们失望又沮丧。于是，我们在剧本里增加了一个武装行动小组，取名为"圣婴耶稣革命军"。

艾柯　回到用减法实现审查的问题，一个独裁者想要遏止网络的信息来源，很可以传播一种病毒，破坏每

1　《隐晦的欲望》(*Cet Obscur Objet du Désir*)，布努埃尔的最后一部电影。
2　圣心教堂 (Sacré-Cœur) 于1876年动工兴建，所在地蒙马特是巴黎公社的第一个暴动地点，据称有近六万名巴黎公社社员在激战中死亡。

台电脑上的所有个人资料，从而实现规模巨大的信息封锁。如果我们把个别信息存入 U 盘，那就不可能彻底破坏了。也许这位网络独裁者至少可以破坏我们百分之八十的私人信息？

卡里埃尔　也许没有必要彻底破坏。我可以在文档里利用"搜索"功能，标出和某个关键词有关的全部信息，然后只需轻轻"点击"，就能全部删除，那么为什么不能想象某种形式的信息审查，只删除某个关键词或词组，但却涉及全球的所有电脑？如果是这样，我们的独裁者将会选择哪些关键词呢？在这种情况下，只好仰仗网民们的还击了——就像每次发生的那样。这是攻击和还击的老故事，只不过发生在一个新的领域。我们还可以想象一个新的巴别塔，各种语言、代码和解密线索突然消失。怎样的混乱状态！

托纳克　正如你们刚才所言，悖论在于，被判沉默的作品或人往往能把这沉默转化成某种回音室[1]，并最终回到我们的记忆中来占有一席之地。你们能不能回来谈谈这种命运的逆转？

艾柯 在这个问题上，我们必须从另一层含义来理解"除名毁忆"。比如说，出于各种复杂的原因——过滤、事故、火灾——一件艺术作品没有流传后世。严格来说它的佚失不能归咎于任何人。它就是消失了。但一部得到众人注释和赞美的作品，它已经消失这一事实更会引来关注。这就是古希腊的格泽西斯[2]的情况。除了画家的同代人以外，谁也没有见过他的画作，但直到今天人们依然在传说他的故事。

卡里埃尔 法老阿肯那顿[3]去世之后，图坦卡蒙继位。

---

1 回音室，录音或广播使用的隔音密闭空间，可以制造回响效果。"回音室效应"常用来形容信息和想法在封闭的环境中传播，从而得到放大或加强。

2 格泽西斯（Zeusis），古希腊画家，传说他画的葡萄极其逼真，连鸟儿也前来啄食。

3 阿肯那顿（Akhenaten），古埃及第十八王朝法老，在位时推行宗教改革，禁止崇拜传统的阿蒙神，下令查封阿蒙神庙，并从一切纪念物上抹掉阿蒙的名字。

阿肯那顿被宣布为异端，他的名字从神庙里抹去。阿肯那顿并非唯一一个受到如此对待的法老。碑文破碎，雕像倒塌。我想起约瑟夫·寇德卡[1]一幅美妙的摄影作品：一尊列宁雕像躺在一艘平底驳船上，犹如一具巨大的尸体，沿着多瑙河缓缓流向黑海。它最终会沉入海底。

关于阿富汗捣毁佛像，[2]这里也许应该再说几句。在佛陀说法之后的最初几个世纪里，人们并没有为他塑像。他以不在的形式得到表现。几个足印。一张空椅。一棵他曾在树荫下冥想的树。一匹带鞍的马，却不见骑马的人。

随着亚历山大大帝入侵，中亚细亚受到古希腊艺术的影响，开始赋予佛陀一个具体的形象。这样说来，塔利班在毫不自知的情况之下，参与了佛教对原初教义的回归。对于真正的佛教徒而言，巴米扬山中如今空荡荡的佛龛也许比从前更有说服力，更能唤起共鸣。

阿拉伯－穆斯林文明如今似乎已被简化成了恐怖主义，而恐怖主义行为反过来几乎掩盖了阿拉伯－穆斯林

---

1 约瑟夫·寇德卡（Josef Koudelka，1938— ），当代摄影大师，生于捷克摩拉维亚省，现居法国。
2 2002年3月12日，阿富汗塔利班下令捣毁世界佛教圣迹的巴米扬大佛。

文明的伟大之处。正如在几个世纪里，阿兹特克人的血腥祭祀仪式掩盖了其文明的全部美好之处。西班牙人想要销毁这些被征服者最后的文明遗迹，有意夸大祭祀仪式的相关传闻，以至于这几乎成为对阿兹特克仅存的集体记忆。今天的伊斯兰文明冒着相似的风险：在未来人们的记忆里被简化成恐怖主义暴力。因为，人类的记忆正如人脑一样是会简化的。人类在不停的拣选和简化中发展。

我走上前去，想看看他在烧什么书，只在那些翻开的书页里辨认出数学图形和公式。这也许是刚刚改变信仰的奴仆在焚烧古希腊的科学书籍。这个场景实在触目惊心。信仰到来了，人们开始焚烧科学。这不只是过滤，这是用火焰来清算。直角三角形斜边的平方必须永远消失。

12

火的查禁

没有文字书写的人就是没有被命名的人。没有被传述（即便是错误地传述）的人，他们没有存在，即便他们的黄金精美绝伦。要想让人记住你，就必须写下东西。书写，同时谨防写下的东西消失在某个火堆之中。我有时会想，纳粹在焚烧犹太人的书时脑子里都想些什么。他们会以为自己能把这些书全部销毁，一本不剩吗？这样的行为除了是犯罪，岂非也是一种乌托邦的空想？

托纳克　提起书的历史上那些最可怕的查禁者，必须特别提到火。

艾柯　当然是这样。我们首先必须提到纳粹烧毁"堕落"（dégénérés）之书的火堆。

卡里埃尔　在《华氏451度》[1] 中，布莱伯利想象了一个想要摆脱沉重的书籍遗产并决定焚书的社会。华氏451度正好是纸张的燃点：书中"消防员"的工作就是焚书。

艾柯　"华氏451度"也是一个意大利电台节目的名字。不过形式正好相反：某个听众打电话进来，说他找不到或丢了某本书。另一个听众很快也打电话进来，说

1　《华氏451度》（*Fahrenheit 451*），美国作家布莱伯利（Ray Bradbury，1920—　）的小说，1953年出版，1966年由特吕弗改编成电影。小说描述了一个想象的世界，所有的书都被焚烧，所谓的 Fireman（消防员）不是灭火，而是焚书。华氏451度约为摄氏233度，是纸的燃点，如今成为反对审查的代名词。

他正好有这本书并打算转让。这个节目的原则有点儿像读完一本书后把它留在某处，比如某家电影院或地铁站，以便另一个人可以继续阅读它。回到之前的话题，意外或人为的火灾从一开始就伴随着书的历史。我们甚至不可能列举出所有被烧的图书馆。

卡里埃尔 这让我想起我有一天晚上受邀去卢浮宫参加的一个活动。每个参加者要选一幅藏品，向一小群人做出评述。我选择了17世纪初法国画家勒絮尔[1]的《保罗在以弗所讲道》。在这幅画中，我们看到使徒保罗站在石阶上，留着大胡子，穿着长袍，酷似今天伊斯兰教长老阿亚图拉的形象，但没有戴头巾。他的眼里带着火般激情。几个信徒在一旁听着。画的最下方，有个黑人奴仆背对着，正蹲在那里焚烧书籍。我走上前去，

---

1 勒絮尔（Eustache Le Sueur, 1616—1655），法国巴洛克画家，法兰西画派的莫基者之一，有时也被誉为"法国的拉斐尔"。这里所说的《保罗在以弗所讲道》取材于圣经《使徒行传》第19章中保罗在外邦人中传道的故事之一。

想看看他在烧什么书，只在那些翻开的书页里辨认出数学图形和公式。这也许是刚刚改变信仰的奴仆在焚烧古希腊的科学书籍。画家想要向我们传递什么公开或隐匿的信息呢？我说不好。但这个场景实在触目惊心。信仰到来了，人们开始焚烧科学。这不只是过滤，这是用火焰来清算。直角三角形斜边的平方必须永远消失。[1]

艾柯　这里面甚至还带有某种种族主义意味：销毁书籍的任务交给了一个黑人。我们以为纳粹销毁的书籍肯定最多。但我们对十字军东征时所发生的事又知道多少呢？

卡里埃尔　比纳粹更甚。我认为书籍最大的破坏者是新大陆的西班牙人，还有蒙古人，他们的死亡之手也绝不逊色。

艾柯　在现代世界初期，西方文明遭逢两种未知的

1　即余弦定理，直角三角形的斜边的平方等于其他两边的平方和，可追溯至公元前 3 世纪欧几里得的几何原本。

文明：美洲印第安文明和中国文明。中国是一个庞大的帝国，不可能被征服和"殖民"（coloniser），但可以通商。耶稣会教士们去了中国，不是为了让中国人改信基督教，而是为了促进文化与宗教的对话。相反，美洲印第安地区却似乎住着野蛮凶残的部落，那是一次大肆抢掠甚至可怕的种族灭绝的机会。然而，从意识形态上为这两种截然不同的行为辩护，则以两个地区的语言特性为基础。时人把印第安象形文字视为对事物的简单模仿，毫无概念性价值，而中国象形文字则体现了各种思想理念，更有"哲理性"（philosophiques）。今天我们知道，印第安象形文字比他们以为的要复杂多了。有多少象形文字文本就此消失了呢？

卡里埃尔　西班牙人销毁了卓越的文明遗址，他们没有意识到自己在焚烧珍宝。但他们中有一些人，尤其是一位非凡的修士，伯纳狄诺·迪·萨哈冈[1]，他预感到了有些东西不应破坏，这些是我们如今称为美洲文明遗产的

1　伯纳狄诺·迪·萨哈冈（Bernardino de Sahagún，1499—1590），西班牙方济各会教士，著有《新西班牙文物通史》。

最重要的部分。

艾柯 前往中国的耶稣会教士都是一些很有教养的人，但科尔蒂斯[1]，尤其皮萨罗[2]之流，却是一帮被扼杀文明计划所刺激的屠夫。与他们同行的方济各会教士视美洲土著为未开化的野兽。

卡里埃尔 幸好也不全是如此。萨哈冈不是，拉斯·卡萨斯[3]不是，杜兰[4]也不是。多亏了他们，我们才得以知道印第安人在被征服以前的生活。他们常常冒着极大的生命危险。

艾柯 萨哈冈是方济各会教士，拉斯·卡萨斯和杜

1　科尔蒂斯 (Hernán Cortés, 1485—1547)，中南美洲的西班牙殖民者，他在墨西哥建立了西班牙殖民地，并极大摧毁了阿兹特克文明。

2　皮萨罗 (Francisco Pizarro, 1478—1541)，与科尔蒂斯齐名的西班牙早期殖民者，以残忍卑劣著称，开启了西班牙征服美洲（尤其秘鲁）的历史。

3　拉斯·卡萨斯 (Bartolomé de las Casas, 1474—1566)，多明我会教士，曾致力于保护西班牙治下的南美印第安人，著有《西印度毁灭述略》。

4　杜兰 (Diego Durán, 1537—1588)，多明我会教士，他和萨哈冈一起研究阿兹特克文明，著有《新西班牙的印第安人史》。

兰却是多明我会教士。有些老生常谈很可能是错的，这一点挺有趣。人们一般认为多明我会教士都是严苛的审查官，而方济各会教士则是温文尔雅的典范。但在美洲，活像在一部美国西部电影里，方济各会教士们扮演坏人（bad guys）的角色，多明我会教士们偶尔倒会演演好人（good guys）。

托纳克　为什么西班牙人只摧毁了一部分前哥伦布时期的建筑，而保留了其余的？

卡里埃尔　很简单，他们没有看见。大部分玛雅古城就是这样，当时已经荒废了好几个世纪，被热带丛林层层覆盖。往北的提奥提华坎[1]也是如此。早在公元前 8 世纪前后，当阿兹特克人到来时，提奥提华坎已是空城。这种抹去一切书写痕迹的强迫症说明了，对于入侵者而言，一个没有文字书写的民族就是一个永远被诅咒的民族。最近在保加利亚发现了公元前两三千年的色雷斯古

1　提奥提华坎（Teotihuacán），与玛雅文明同期的古代印第安文明，年代约为公元前 200 至公元 750 间，其遗址位于今天墨西哥境内。

墓，里面有大量黄金器皿。但色雷斯人和高卢人一样，没有留下任何文字著述。没有文字书写的人就是没有被命名的人。没有被传述（即便是错误地传述）的人，他们没有存在，即便他们的黄金器皿精美绝伦。[1] 要想让人记住你，就必须写下东西。书写，同时谨防写下的东西消失在某个火堆之中。我有时会想，纳粹在焚烧犹太人的书时脑子里都想些什么。他们会以为自己能把这些书全部销毁，一本不剩吗？这样的行为除了是犯罪，岂非也是一种乌托邦的空想？这难道不更像是一种象征性的行为吗？

我们这个时代还有一些其他的篡改欺骗行为，就在我们眼皮底下发生，始终让我觉得震惊和愤慨。我常常常去伊朗，有一次，我向一家有名的通讯社提议，带上一个摄制组去拍摄今天的伊朗，我所认识的这个国家。通讯社负责人接见了我，一开始就对我大讲他对这个自己一无所知的国家的观点。他明确地告诉我应该拍摄什

---

1 色雷斯为古代巴尔干半岛东部地区，位于今保加利亚、土耳其和希腊境内。色雷斯人曾是巴尔干最强大的民族之一，以擅长打造金器著名。

么。也就是说，由他这个从没去过伊朗的人来决定我从这个国家拍些什么影像回来：猛拍胸膛的宗教狂热分子、吸毒的人、娼妓，诸如此类。不用说，这个计划后来不了了之。

我们每天都可以看到影像可能具有何等欺骗性。这是一种微妙的弄虚作假，很难分辨真伪，尤其因为这是"影像"（images），是档案资料。但是最终，不管你信不信，没有什么比伪装成真理更容易。

我记得有个电视频道播放了喀布尔的纪录片，我去过这个城市。所有镜头都是仰拍。我们只能看到遭到战争破坏的屋顶，却看不到街道、路人和集市。片中还穿插了一些人物访谈，所有人都异口同声地讲述国家现在的可悲状况。整部纪录片的唯一配音是某种阴森的风声——我们常常在电影的沙漠场景听到——但是反复播放。这显然是从音效资料库里选出来衬托画面的，到处都用一点。同样的风声，"有经验的耳朵"一听就听出来了。还有，被拍到的人都穿着轻薄的衣服，却连衣角也纹丝不动。这个纪录片是个彻底的谎言。同样的例子还有很多。

艾柯　列夫·库里肖夫[1]早就展示了影像如何相互感染，同一组影像有可能表达截然不同的意思。一个男人的脸部特写，第一次紧接在一个放满食物的碟子的镜头之后，第二次则在某样令人恶心的东西的镜头之后。前后两次给观众带来的印象完全不同。男人的脸在前一组镜头里显示欲望，而在后一组镜头里表现恶心。

卡里埃尔　人们的眼睛最终会看见影像所暗示的东西。在波兰斯基的《罗丝玛丽的婴儿》[2]中，很多人看见了片末的畸形婴儿，因为每个靠近摇篮的人都对他做了一番描述。但事实上波兰斯基根本没有拍过婴儿的镜头。

艾柯　很多人大概也看见了《白昼美人》[3]中那个著名的东方盒子里装着什么东西。

1　列夫·库里肖夫（Lev Kuleshov，1899—1970），前苏联电影导演和电影理论家。

2　《罗丝玛丽的婴儿》（*Rosemary's Baby*），波兰斯基1968年拍摄的电影。

3　《白昼美人》（*Belle du jour*，1967），布努埃尔执导的电影，改编自1928年Joseph Kessel的同名小说，编剧照旧是布努埃尔的老搭档卡里埃尔。

卡里埃尔　当然了。有人问布努埃尔盒子里装着什么，他回答说："卡里埃尔先生的一张照片。所以姑娘们才觉得恐怖嘛。"有一天，有个不认识的人打电话到我家，说的还是那部电影的事，他问我是不是在老挝生活过。我告诉他我从没去过老挝。布努埃尔也被问了同样的问题，答案同样是否定的。电话里的那个人非常惊讶。那个出名的盒子不容置疑地让他想到一个老挝风俗。于是，我问他是否知道盒子里装着什么。他说："当然！"我于是说："求求您，告诉我！"他向我解释这个风俗，女人在性交过程中要用银链子把大金龟子拴在阴蒂上，金龟子的爪子乱颤，有助于更长时间也更温存地享受性爱。我有点不知所措，我说我们从没想过要在《白昼美人》的盒子里藏一只金龟子。那人挂了电话。我顿时感到无边的失望！我被剥夺了谜语那种半甜半苦的滋味。

这一切无不说明，我们往往从图像中看到有别于事实的东西，图像的欺骗性比书写的语言或言辞更微妙。如果我们必须保留某种视觉记忆的完整性，那么一定要让后代学会观看图像。甚至应该把这个摆在首位。

艾柯　还有一种审查方式，我们如今都能感受到。我们可以保存世界上的所有书籍，保留所有数字载体、所有档案，然而，倘若出现一次文明危机，致使我们用来保存这一庞大文明的语言突然变得不可传译，那么这份文明遗产将无法挽回地消失。

卡里埃尔　这就是埃及象形文字的下场。自从公元380年狄奥多西一世[1]颁布敕令以来，基督教成为国教，整个罗马帝国的唯一和强制性的宗教。埃及神庙（还有别的宗教场所）一律关闭。祭司作为象形文字的专家和保管者，从此不再能传承这项知识。他们不得不埋葬那些几千年来共同生存在一起的神。与神一起消失的，还有行仪式的器皿以及语言。只需一代人就足以让一切消失殆尽，不复重来。

艾柯　为了重新发现这种语言的解码，人类等待了整整十四个世纪。

1　狄奥多西一世（Théodose Ier，347—395），统一的罗马帝国的最后一个皇帝。公元380年，他颁布敕令把基督教定为国教。

托纳克　让我们回到火的审查这个话题。焚烧古代图书馆的人也许相信他们销毁了图书馆收藏的手抄本的全部痕迹。然而，在印刷术产生以后，这就变得不再可能了。烧掉一本书的一册、两册，乃至一百册，并不意味着销毁了这本书。还有许多私人或公共图书馆想必藏有同一本书。那么，诸如纳粹所升起的现代焚书火堆又有什么意义？

艾柯　审查者很清楚，他不可能销毁每一册被禁的书籍。但这种特定的方式可以让他以造物主自居，有能力在火中销毁整个世界，以及关于世界的全部观念。借口就是促使一种被某些著述败坏了的文明得到新生和净化。纳粹讲"堕落的艺术"不是偶然。宗教裁判所的火刑就如某种治疗措施。

卡里埃尔　印度教的湿婆神[1]很好地表现了这一发表、

1　湿婆（Shiva），印度神话里的毁灭神，集生殖与毁灭、创造与破坏于一身，印度教三大主神之一。

传播、保存和销毁的意象。湿婆在火圈中起舞，他有四只手臂，其中一只手举着一面手鼓，鼓的节奏是宇宙的心跳，另一只手则放出火焰，在瞬间毁灭整个宇宙。这两只手处于水平的位置。

艾柯　这与赫拉克利特或廊下派哲人们的想象相去不远。一切从火中诞生，一切在火中毁灭，并从头来过。正因为此，人们总是焚烧异端分子，而不是砍下他们的脑袋，尽管砍头更简单，也不至于那么令人难以忍受。焚烧是一个启示，传达给所有那些拥有同一观念或同样书籍的人们。

卡里埃尔　以戈培尔[1]为例。他大概是唯一收藏珍本的纳粹知识分子。你刚才说得很对，那些焚书的人很清楚自己在做什么。想要焚烧一本书，必然是充分认识到

1　戈培尔（Joseph Goebbels，1897—1945），纳粹时期德国宣传部长，铁腕捍卫希特勒政权。他曾在海德堡大学获得文学博士学位。传说他不仅收藏珍本书，也热爱电影，尤其喜欢《尼伯龙根之歌》和《战舰波将金号》，但有趣的是这两部电影的导演弗里茨·朗和爱森斯坦都是犹太人。

它的危害性。与此同时，审查者并没有发疯。烧几册禁书目录中的书，并不等于彻底销毁这本书。他十分清楚这一点。但他想告诉别人：你们有权利焚烧这本书，不要犹豫，这是一个良好的行为。

托纳克 这就好像在德黑兰或别的地方烧美国国旗……

卡里埃尔 当然是这样。烧一面国旗就足以向世人宣告一场运动或一个民族的决心。然而，正如我们多次看到的那样，火从来不可能把一切掩埋在沉默之中。即便在肆意根除多种文明遗迹的西班牙人中间，也有某些修士尽力挽救了一些样本。伯纳狄诺·迪·萨哈冈，我们已经提到过了——我们再怎么提也不会嫌多——他暗中让阿兹特克人重抄那些被丢进火堆的书。他还让异教画家为这些书作插画。只是，这个不幸的人在有生之年没能看见自己的书出版，因为有一天政府下令让他交出自己的作品。他是个天真的人，甚至主动提出要上交自己的草稿。幸亏没有。两个世纪以后出版的著作大都以这些草稿为基础，而这几乎就是我们所了解的阿兹特克人的全部文献。

艾柯　西班牙人用了漫长的时间来摧毁一种文明的遗迹。但纳粹却只用了十二年。

卡里埃尔　拿破仑用了十一年。如今布什用了八年。尽管这不能同日而语。有一次，我闹着玩地拿 20 世纪的二十年历史为例，从 1933 年希特勒掌权到 1953 年斯大林去世，想一想这二十年间都发生了什么事。第二次世界大战。然后，仿佛全球性争端还不够似的，一系列的附带战争先后伴随而至：西班牙战争、埃塞俄比亚战争、朝鲜战争，我肯定还忘了别的。这是湿婆神的回归。我刚才说到四只手臂里的两只：一切被创造出来的又回归毁灭。但第三只手做着"无畏"（abaya）的手势，因为"通过心灵的力量，我已让自己的一只脚离开地面"——这是第四只手的含义。这是人类有史以来最为复杂的形象之一。相比之下，十字架上的基督——我们的文明所敬拜的一个临终者的形象——显得相当简单。矛盾的是，也许正是从这种简单中迸发出了力量。

艾柯 我再回到纳粹身上。在纳粹征服书籍的运动中，有些东西颇为有趣。制订纳粹文化政策的人是戈培尔，他完美无缺地掌握着当时最新的信息工具，知道收音机即将成为主要的通讯媒介。以媒体传播来反抗书籍传播，真有预见性呵!

卡里埃尔 人类如何从纳粹焚烧书籍过渡到毛泽东语录，过渡到一个十亿人口的民族在几年之间燃起的对这小红书的热忱?

艾柯 小红书可以成为某种拿来挥舞的旗帜，人们并不需要真正去读它。其次，人们从不会把典籍从头读到尾，所以小红书是许多独立摘录和格言的汇编，便于默记，还可以像颂辞或祷文那样背诵。

托纳克 但挥舞小红书是如何变成一种全国性的狂热?这个政权为何将一本书作为它的主要标志?

艾柯　我们对"文化大革命"一无所知，也不知道时人如何受到摆布。1971年，我参与编撰了一本中国漫画的合集。有位记者当时在中国，他收集了我们先前完全不知道的资料。这是一些模仿英国风格和连环小说的漫画。这些作品创作于"文化大革命"时期，却丝毫不会让人联想到当时中国的社会现实，反而表现出和平的思想，与各种形式的暴力背道而驰，赞同宽容和相互理解。就连小红书也一样，似乎成了一种非暴力的象征。当然，我们并没有说，颂扬小红书意味着其他书全都消失。

卡里埃尔　贝托鲁奇拍摄《末代皇帝》时我在中国。我当时去做了三个专题报道。一个是电影本身，一个是中国电影的复苏，这是为《电影手册》[1]做的，最后一个是对中国民族乐器的重新认识，这是应某家法国音乐杂志之约。我最难忘的是和某个民族乐器研究院的院长的会面。我问他"文化大革命"期间这些乐器被荒废的情况。他当时刚刚开始可以略微自由地发表言论。他告诉

1　《电影手册》(*Cahiers du Cinéma*)，法国电影期刊，1950年由安德烈·巴赞（André Bazin）创办，对电影界有深远影响。

我，最早是研究院和图书馆被关闭。他抢救了一部分著作——很可能冒着生命危险，寄到外地的亲戚家。他本人也要下乡和农民一起干活，当时凡是具有特殊才艺或学识的人都必须受到抵制。这是"文化大革命"的原则：知识掩盖政权，因此必须摆脱知识。

这个人被下放到农村，当地农民很快发现他不会使用铲子和锄头。他们让他待在家里。这位著名的中国传统音乐专家告诉我："我那九年全在玩牌。"

我们说的不是四五个世纪以前在美洲的西班牙人，也不是十字军东征时代基督徒们的屠杀。不。我们说的是我们这个时代经历的事件。在《毁书通史》中，巴埃斯[1]提及2003年巴格达图书馆破坏事件。话说回来，有人企图破坏巴格达的某家图书馆，这已经不是第一回了。正是在那片土地上，一次次遭到入侵，一次次遭到抢劫，小芽却最终也能破土而出。在10、11和12世纪，穆斯林文明无疑最为辉煌，但它突然遭到两方面的打击。一

---

1 费尔南多·巴埃斯（Fernando Báez, 1947— ），意大利学者、诗人和小说家。他的代表作包括这里提到的《毁书通史》(*Histoire universelle de la destruction des livres*, 2004）。

方是基督教十字军和从西班牙开始的东征，另一方则是在13世纪攻陷并洗劫巴格达城的蒙古人。我们已经说过了，蒙古人是盲目地破坏，但基督徒也不逊色。巴埃斯讲道，他们在圣地[1]期间总共销毁了三百万册书籍。

艾柯 事实上，耶路撒冷在十字军进城以后便遭到大肆破坏。

卡里埃尔 15世纪末西班牙人远征的后果也是一样。西斯内罗斯[2]是卡斯蒂利亚的伊莎贝拉女王的顾问，他曾下令焚烧所有在格拉纳达[3]地区发现的穆斯林书籍，仅仅留下几部医学著作。巴埃斯说，那个时期有近半的苏菲派诗歌被烧毁。我们不能老说外人烧毁了我们的书。我们自己也大量参与了这场知识和美的毁灭事件。

1　指耶路撒冷。
2　西斯内罗斯（Francisco Jiménez de Cisneros，1436—1517），西班牙政治家，宗教改革家，曾在卡斯蒂利亚摄政。卡斯蒂利亚（Castille）是西班牙王国的前身，西班牙君主均从卡斯蒂利亚家族一脉相承。这里说到的伊莎贝拉女王是伊莎贝拉一世（Isabel I la Católica，1451—1504）。
3　格拉纳达（Grenade），西班牙省会，历史上曾是穆斯林、犹太教和基督教交汇的圣地，摩尔人的阿尔罕布拉宫就建在这里。

话说回来，为了在列数诸种灾难的过程中增加一点儿乐趣，我们还可以说，令人惊讶的是，书的敌人也有可能是写书的作者。这样的事离我们并不太遥远。菲利普·索雷斯[1]回忆道，1968年运动前后，法国有一个大学生和作家的斗争委员会。我完全不知道这个委员会的存在，它显得有些离奇。该委员会强烈反对传统教育（当时正是风头上），并且不无诗意地呼吁某种"新知识"（savoir nouveau）。莫里斯·布朗肖[2]在委员会中积极活动，他们尤其呼吁销毁书籍，控诉书籍囚禁了知识。文字必须超越书，超越书籍这一载体，并就此得到逃脱。但逃到哪里去？他们没有说，只是写道："打倒书籍，永远打倒书籍！"一个由作家们写下并大声疾呼的口号！

艾柯 在结束焚书火堆的话题以前，我们还必须说一说那些想烧掉自己作品的作家，他们中有一些人还成功了……

---

1 菲利普·索雷斯（Philippe Sollers, 1936— ），法国当代作家、评论家。
2 莫里斯·布朗肖（Maurice Blanchot, 1907—2003），法国作者、哲学家和文学评论家。

卡里埃尔 这一销毁被创造出来的作品的热情，无疑反映了我们内心最深处的冲动。我们想到卡夫卡疯狂的念头，他在去世以前想烧毁自己的作品。兰波想销毁《地狱一季》。博尔赫斯更是成功地销毁了他最初的作品。

艾柯 维吉尔在弥留的床上要求人们烧掉《埃涅阿斯纪》！在这些毁灭的梦里，谁知道有没有那种在火中毁灭以换取世界重生的原型思想呢？或者，是我死去，世界也随我一起死去……希特勒正是抱着后一种思想，在把战火烧向整个世界之后自杀……

卡里埃尔 在莎士比亚笔下，雅典的泰门在死的时候喊道："我死了，太阳不再发光！"我们可以联想到敢死队队员，在自身的死亡里顺便带走他们所摒弃的世界的一部分。不过，日本神风队驾驶飞机撞向美国舰队，或其他自杀式恐怖袭击，确实也应被视为一种有目的的死亡。我想起来，从某种意义而言，史上第一个敢死队队员是参孙。他让神殿倒塌，压住自己，也压住众多非利士人。[1] 自杀式恐怖袭击既是罪，也是罚。我曾经和日本导演大岛渚合作过。[2] 他告诉我，所有日本人在人生的某个特定时期都会特别接近自杀的观念和行为。

艾柯 这是吉姆·琼斯和近千名信徒在圭亚那的自杀。[3] 这是1993年大卫教派在韦科的集体自杀。

卡里埃尔 应该时不时阅读高乃依的《波利耶克特》，这部悲剧描述了罗马帝国时期一个改信基督教的人。他不仅自己殉教，还想带上妻子保琳娜。对他来说，没有比这更高贵的命运。这是怎样的结婚礼物呵！

托纳克 我们开始明白，创作一部作品并出版，为人所知，并不一定是流传后世的最佳方式……

1　参见《旧约·士师记》，16：23—31。
2　大岛渚（1932— ）与卡里埃尔合作1986年的电影《马克斯，我的爱》（*Max mon amour*）。
3　1978年，在人民圣殿教（Peoples Temple）教主吉姆·琼斯（Jim Jones）的指示下，有九百多人在圭亚那集体自杀。

艾柯 确实如此。为了为人所知，当然首先要有创作（艺术家、帝国创建者、思想家的创作）。不过，倘若一个人没有能力创作，那么他还可以毁灭，毁灭一件艺术作品，有时则是毁灭自己。让我们以艾罗斯特拉特为例。他因为烧毁以弗所[1]的阿尔忒弥斯神庙而至今为世人所知。大家都知道，他放火仅为一个目的，就是名垂史册，于是雅典政府下令禁止任何人提起他的名字。但这显然并不够。证据在于：我们记住了艾罗斯特拉特的名字，却忘了以弗所神庙建造者的名字。艾罗斯特拉特显然有不少传人。我们要特别提到那些上电视声明自己戴绿帽的丈夫们。这是自我毁灭的典型做法。同样，连环杀手（serial killer）为了成为公众话题，情愿最后被揭穿。

卡里埃尔 安迪·沃霍尔[2]的名言"出名一刻钟"

---

1 以弗所（Ephesus）为古希腊小亚细亚城市，阿耳忒弥斯神庙为古代世界七大奇观之一。公元前356年，艾罗斯特拉特（Erostrate）放火烧毁神庙。
2 安迪·沃霍尔（Andy Warhol, 1928—1987），美国艺术家，被称为波普艺术的教父。

(Famous for fifteen minutes)¹ 很好地传达了这种欲望。

艾柯　正是这种冲动促使某个家伙站在被电视拍摄的人背后挥舞双臂，以确保大家都看见他。我们觉得他够傻的，但这可是他的光荣时刻。

卡里埃尔　电视节目负责人常常会接到一些非常夸张的提议。有些人甚至声称他们准备好在直播的时候自杀。或者仅仅是受苦，被鞭打或折磨。或者当众看见他们的妻子和别人做爱。当代的暴露狂症状似乎没有极限。

艾柯　意大利有一个电视节目叫"斗牛"（La Corrida），有兴趣者可以在骚动的观众的倒彩声中发表演说。人人都知道在上面会死得很难看，但这个节目每次都不得不回绝几千名候选人。很少有人对自身才华抱有幻想，但这是在上百万观众面前现身的唯一机会，他们为此不惜牺牲任何代价。

1　安迪·沃霍尔在1968年所说过的一句话："未来每个人都有权利在全球出名一刻钟。"

我直到四十岁才读了《战争与和平》。但我在阅读以前就了解这部小说的精髓。你刚才提到《摩诃婆罗多》：我从没读过，虽然我收藏了三种语言的三个版本。谁从头到尾读过《一千零一夜》？谁真正读过《爱经》？但人人都在谈论它，有一些还加以实践。这个世界上充满我们没读过却几乎无所不知的书。

13

所有我们没读过的书

当有人问我是否读过这本或那本书时，我出于谨慎总是这么回答：
"您知道，我不读书，我写书。"这样一来，所有人都会闭嘴。但有
时还会有人坚持不懈地提问。"您读过萨克雷的小说《名利场》吗？"
我最终屈服了。连续三次我试着读这本小说，每次都半途而废。

托纳克　在这场对话中，你们谈了很多书，种类繁多，而且常常让人惊讶。不过，如果你们允许的话，我想提一个问题：你们都读过这些书吗？一个有教养的人是否必须阅读那些他应该知道的书？或者他只需形成一些观点，随后再也用不着去读这些书？我猜你们都听说过皮埃尔·巴亚尔[1]的《如何谈论没有读过的书》。现在说一说你们没有读过的书吧。

艾柯　我先谈，如果你同意的话。我曾经和皮埃尔·巴亚尔一起参加纽约的某次论谈。我想，在这些问题上他说得很对。这个世界上有很多书，与之相比，我们去了解的时间却很少。我们说的甚至不是有史以来的所有书，而仅仅是某种特定文化的最具代表性的书。我们深深受到那些没读过也没时间读的书的影响，谁真的

1　皮埃尔·巴亚尔(Pierre Bayard, 1954—)，巴黎第八大学法国文学教授，心理学家。他最有名的作品就是这里提到的《如何谈论没有读过的书》(*Comment parler des livres que l'on n'a pas lus*, 2007)。

读过《芬尼根的守灵》[1]，我是说从第一个字读到最后一个字？谁真的读完了《圣经》，从《创世记》一直到《启示录》？算上这样那样的摘录，我只能吹嘘自己读过三分之一。不会更多。但是，我相当了解没读过的那部分内容。

我承认，我直到四十岁才读了《战争与和平》。但我在阅读以前就了解这部小说的精髓。你刚才提到《摩诃婆罗多》：我从没读过，虽然我收藏了三种语言的三个版本。谁从头到尾读过《一千零一夜》？谁真正读过《爱经》[2]？但人人都在谈论它，有一些还加以实践。这个世界上充满我们没读过却几乎无所不知的书。问题因此在于，我们是怎么知道这些书的？巴亚尔说他从没读过乔依斯的《尤利西斯》，但他打算向学生们讲解这部小说。他可以说，这本书讲了一个发生在一天里的故事，地点

1　《芬尼根的守灵》（*Finnegans Wake*），乔伊斯的长篇小说，以艰涩难懂著称，被称为西方现代文学史上的"天书"。

2　《爱经》（*Kâmasûtra*），古印度性爱典籍，也是印度教的重要典籍，大概创作于 4 至 7 世纪。

是都柏林，主人翁是一个犹太人，写作手法是内心独白，等等。尽管他没读过小说，这些要素完全正确。

有人第一次到你家，看见你那极为可观的藏书，肯定会问："你全都读过吗？"对于这个问题，我知道好几种答案。我有个朋友会回答："比这还多，先生，比这还多。"

至于我嘛，我有两种答案。第一种是："不。这些只不过是我下周要读的书。我读过的书都在大学里。"第二种是："我一本都没读过。不然我留着它们干吗？"当然还有其他更具挑衅意味的答案，肯定更能让提问的人感到失望，乃至沮丧。事实在于，我们每个人家里都会有几十本、几百本乃至上千本（如果藏书可观的话）没读过的书。只是，总有那么一天，我们拿起这些书，发现自己了解其中的内容。怎么回事？我们怎么会了解没读过的书？第一种解释属于神秘学范畴，我本人无法接受：书的波传到我们身上。第二种解释：这些年来，我们不是真的从没翻开过这本书，我们好几回把它移来移去，也许还翻阅过，只是自己记不得罢了。第三种解释：这些年来，我们读了一堆援引这部著作的书，这使得我们最终也熟悉了著作本身。因此，有很多方法可以让我们了解没读过的书。幸亏如此，否则上哪儿找时间把同一本书重读四遍呢？

卡里埃尔 说到我们书架上那些没有读过并且永远不会去读的书，很可能每个人心里都有这样的想法：我只是暂时把它们放在一旁，我和这些书有个约会，不过是在以后——很久以后，甚至来生。有些垂死的人感到自己大限已到却尚未读过普鲁斯特，这样的哀叹实在让人受不了。

艾柯 当有人问我是否读过这本或那本书时，我出于谨慎总是这么回答："您知道，我不读书，我写书。"这样一来，所有人都会闭嘴。但有时还会有人坚持不懈地提问。"您读过萨克雷的小说《名利场》吗？"我最终屈服了。连续三次我试着读这本小说，每次都半途而废。

卡里埃尔 你帮了我一个大忙，我发过誓要读这本书。多谢。

艾柯 我在都灵大学上学时住学生公寓。只要往市剧院雇来捧场的人手里塞一个里拉，我们就可以观看剧院的所有演出。大学四年中我看遍了古今好戏。只是，公寓每天夜里十二点半关门，演出却很少按时结束，能让我们有时间赶回去。我看遍的好戏全都缺了最后五到十分钟。后来我认识一个朋友保罗·法布理[1]，他当学生时为了赚外快，在乌尔比诺大学剧院兼差做检票员。每次他只能在所有观众入场，也就是开场一刻钟以后进去看戏。他缺了开头，我则缺了结尾。我们真应该互相交流看戏的经验。这也是我两常常想要做的事。

卡里埃尔 我也常疑惑，我是否真的看过那些我以为看过的电影。我很可能在电视上看过一些片段，或者读过一些评论。我知道故事梗概，因为朋友们向我提起过。在我确定看过的电影、确定没看过的电影和其他电影之间，我的记忆始终有些混乱。比如弗里茨·朗的默

---

1 保罗·法布理（Paolo Fabbri，1939— ），意大利符号学家。

片《尼伯龙根之歌》：我脑海里浮现出西格弗里德在森林屠龙的场景。森林是在摄影棚里搭起的，非常壮观。树木似乎全用水泥材料做成。但是我看过这部电影吗？或者我只看到这个片段？还有一些电影，我肯定自己从没看过，但我却能像看过似的谈论它们，有时甚至说得太具权威性。有一次，我和路易·马勒[1]在罗马，旁边还有一些法国和意大利朋友。那天的话题是维斯康提[2]的《豹》。我和路易持不同观点。我们俩都是业内的人，就开始为自己的观点辩护起来。我们中有一个喜欢那部电影，另一个则很讨厌：我忘了谁喜欢谁讨厌。反正不重要。整个餐桌上的人都在听我们争辩。突然我心里起疑，我问路易："你看过电影吗？"他回答我："没有。你呢？""我也没有。"那些在听的人很是愤慨，仿佛我们在浪费他们的时间。

艾柯 每当意大利的某个大学出现教席空缺时，我

1　路易·马勒（Louis Malle，1932—1995），法国导演。
2　维斯康提（Luchino Visconti，1906—1976），意大利导演，代表作包括《魂断威尼斯》（1973）和这里提到的《豹》（*Il Gattopardo*，1963）等。

们会组织一个国家委员会，选出最佳的教授候选人。这时，每个委员都会收到堆成山的所有候选人的出版著作。据说，有这么一个委员，他的办公室里就堆着成山的资料。有人问他是否有时间阅读这些资料。他回答："我绝对不会读。我可不想受到这些我要去评判的人的影响。"

卡里埃尔 他说得对。一旦读了书或看了电影，你就得负责为自己的观点辩护；若是对作品本身一无所知，就可以在别人的观点异同中取舍，找出最佳论据，对抗自己天生的懒惰，或不一定很好的品位……

还有另一个难题。以卡夫卡的《城堡》为例。我很久以前读过小说，但后来又看了两部取材于《城堡》但改编得相当自由的电影，其中一部由迈克尔·哈内克[1]制导，这大大改变了我最初的印象，并强行模糊了我的阅读记忆。从此以后，我是不是就在透过这些电影导演的

1　迈克尔·哈内克（Michael Haneke，1942— ），奥地利导演。他在1997年改编了卡夫卡的《城堡》。另一部改编电影可能是指 Rudolf Noelte 的 1969 年版本。

眼光来思考《城堡》呢？你刚才也说了，我们今天阅读的莎士比亚戏剧比当年他写作时更加丰富，因为自从莎士比亚的鹅毛笔在纸上飞快地发出沙沙响声以来，这些剧作陆续吸收了各种伟大的阅读和解释。我赞同你的说法。莎士比亚在不停地丰富和强化。

艾柯 我刚才说到，意大利的年轻人接触哲学不是像在法国那样通过哲学实践，而是通过哲学史。我想起我的哲学老师，一个了不起的人。多亏了他，我才会在大学里学哲学。通过他，我切实地理解了某些哲学元素。这位出色的教师很可能没有读过他在课堂上提到的所有作品。换言之，他带着激情出色地向我讲解的许多书，都是他自己其实不知道的书。他只是通过哲学史来了解这些著作。

卡里埃尔 艾玛努埃·勒华拉杜里[1]在担任国家图书馆负责人时，曾经做过一项颇为奇特的统计研究。从国

---

1 艾玛努埃·勒华拉杜里（Emmanuel Le Roy Ladurie, 1929— ），法国历史学家。

家图书馆成立（也就是法国大革命时期至 19 世纪二十年代）直到我们今天，有两百多万册书籍从未有人问津。一次也没有。那也许是一些毫无趣味的书，信徒手册、祈祷文集、你所喜欢的伪科学作品，或被人遗忘的思想家的作品。在建馆初期，书籍未经分类，全部用装卸车运到黎塞留大街的院子里。必须接收，并在仓促中加以分类。从那之后，大部分书进入漫长的睡眠状态直至今日。

现在，我想站在作家或作者的角度谈论这个话题。我们三个都具有这种身份。知道我们的书被摆在某个架子上从来无人问津，这很难说是一种安慰人的想法。安贝托，我猜你的书肯定不会受到这种对待！哪个国家的传播情况最好呢？

艾柯 从发行量看可能是德国。在法国卖出二三十万册就是一个新纪录。而在德国，要超过百万册才会被重视。最低销量在英国。英国人一般喜欢到图书馆借书。意大利仅排在加纳前面。反过来说，意大利人阅读大量的杂志，远远超过法国人。无论如何，只有报刊才有办法让非读者去阅读某一本书。怎么做到的啊？

这种做法只用在西班牙和意大利，但不在法国。读者们在买日报时，可以用极低的价格附带买一本书或一张DVD。这种做法曾经遭到书店抗议，但最终还是得到应用。我记得，《共和报》[1]曾采取免费附送《玫瑰之名》平装本的做法，当天报纸卖出两百万份（平常发行量为六十五万份），我的书因此也拥有两百万个读者（假设全家人都对这本小说感兴趣，那么最保守的估计有四百万人次）。

这么一来书店似乎该发愁了。但是，六个月之后，在统计书店销量时，我们发现平装本销量受到的影响微乎其微。可见这两百万人并非经常去书店的人。我们赢得了一批新的读者。

托纳克 在我们这个社会的阅读实践问题上，你们都表达了某种相当热忱的观点。书籍从此不再只为精英服务。它和其他往往更吸引人、更有竞争力的媒体展开竞争。它抵制住竞争，证明自己无可替代。轮子再一次

---

1 《共和报》（*La Repubblica*），和《晚邮报》名同为意大利发行量最大的报刊。

证明自身的无可超越。

卡里埃尔 二十或二十五年前，我有一次坐地铁到市政厅站。在站台上有长椅，坐着一个人，身旁有四五本书。他在读书。地铁来了。我看着这个人，除了书外，他对别的一概漠不关心，我决定多待一会儿。我对这个人产生了兴趣。最后，我走上前去，我们聊了一小会儿。我友好地问他在地铁里做什么。他告诉我，他每天八点半到那个地铁站，待到中午十二点。他出去一个小时吃午饭。然后再回到老地方，一直待到晚上六点。他最后说的一句话我始终没有忘怀："我读书，我从来没做过别的事。"我离开他，因为我意识到自己在浪费他的时间。

为什么选在地铁里？因为他不能毫不消费地在一家咖啡馆里待一整天，显然他也负担不起这种消费。地铁是免费的，冬天很暖和，来往的人群一点儿也不会影响他。我当时在想，现在也还在想同一个问题：他究竟是一个理想的读者，还是一个完全反常的读者？

艾柯 他读些什么书？

卡里埃尔　非常广泛：小说，历史书，论著。在我看来，他身上有一种对阅读行为本身的依赖，这超过了他对所阅读的书籍的真正兴趣。有人说，阅读是一种未受惩罚的恶习。这个例子表明，阅读也有可能变成一种真正的反常现象，甚至一种盲目崇拜。

艾柯　在我小时候，每到圣诞节有个女邻居会送我一本书。有一天，她问我："告诉我，小安贝托，你读书是为了知道书里的事呢，还是因为喜欢读书？"我不得不承认，我并不总是对自己阅读的东西有兴趣。我读书是出于阅读的喜好，不管读什么书都行。这是我童年时代最重大的启示之一。

卡里埃尔　为阅读而读，正如为生活而活。我们还知道有些人去电影院看电影，从某种意义上是看移动的影像，电影展示或讲述什么有时并不重要。

托纳克　我们是不是可以辨认出某些阅读成瘾的人？

卡里埃尔 当然。地铁里的人就是例子。想象一下，有人每天花几个小时散步却从不留心风景、路过的人和呼吸的空气。散步、跑步成为功利，正如阅读成为功利。一天读两三本书，最终如何记得自己都读过些什么呢？有些人待在电影院里，一天看四到五场电影，这是记者和电影节评委的下场。很难不把自己搞糊涂。

艾柯 我有过一次类似的经历。我被邀请去做威尼斯影展的评委。我当时以为自己疯掉了。

卡里埃尔 当你评定完毕每天固定数量的影片再蹒跚走出放映厅时，就连戛纳的棕榈树在你看来都像是假的。关键不在于不惜任何代价地看，或者不惜任何代价地读，而在于懂得如何实践这一行为，并从中汲取基本而持久的养分。喜欢快读的人真能享受到他们所阅读的东西吗？倘若忽略不读巴尔扎克作品中的长篇描述，那不就等于放弃巴氏最深刻的标志吗？只有他才能带给我们这样的描述。

艾柯 这就像有些人读小说只读引号里的对话部分。我在年轻时读探险故事总会跳过某些章节，以便看紧接着的对话。

让我们继续刚才的话题：关于我们没读过的书。作家康帕尼勒[1]曾设想过一种促进阅读的方法。菲斯卡托侯爵怎么成为他那个时代最渊博的学者呢？他从父亲那里继承了一批极其可观的藏书，但完全不放在眼里。有一天，他在偶然翻开一本书时看见一张一千里拉的钞票。他想在别的书里可能也有相同情况，于是把余生都用在系统地翻阅继承来的那一批书籍。就这样他本人成了一个知识的宝矿。

托纳克 "别读阿纳托尔·法朗士[2]！"这是超现实主义者们提出的建议或"劝诫"。然而，这不是反而吸引

---

1 康帕尼勒（Achille Campanile, 1899—1977），意大利作家、记者、编剧。
2 阿纳托尔·法朗士（Anatole France, 1844—1924），法国小说家。下文提到的《天使的复仇》（La Révolte des anges）是他的晚期作品。1924年，法朗士在去世以后成为超现实主义者们第一篇檄文所攻击的靶子。

人们关注那些本来不会去读的作品吗？

艾柯　并非只有超现实主义者才建议人们去读或不读某些作家和作品。这是一种论战批评的方式，显然一直存在。

卡里埃尔　安德烈·布勒东列了一个要读和不要读的作者清单。要读兰波，不要读魏尔伦。要读雨果，不要读拉马丁。奇怪的是：要读拉伯雷，不要读蒙田。你要是谨遵他的建议，很有可能忽略一些好书。无论如何，布勒东让我免得去读《高个儿莫南》[1]。

艾柯　你没读过《高个儿莫南》吗？你真不该听布勒东的话。这本书美妙极了。

卡里埃尔　现在也许还不太晚。我知道，超现实主义者们公开炮轰阿纳托尔·法朗士。但我倒是读了他的书。

1　《高个儿莫南》(*Le Grand Meaulnes*)，阿兰－傅尼埃 (Alain-Fournier, 1886—1914) 创作的唯一一部长篇小说。

我常以阅读《天使的复仇》为乐。可是，他们对他多不容情呵！他去世的时候，他们建议把他葬在塞纳河边旧书商的那种长铁盒子里，边上堆着他喜爱的各种老书，再把他丢进河里。我们在这儿又感受到了那种对落满尘埃的、往往无用、愚蠢又讨厌的旧书的仇恨。这样一来，问题依然存在：有些书没有被烧掉，保存得也不错，没有翻译得很糟糕，没有被查禁，并且最终到了我们手上。这些书真的就是我们必须阅读的、古往今来最好的书吗？

艾柯 我们提到了不曾存在的书和不再存在的书，没有读过并准备阅读的书和永远不打算阅读的书。现在我想说一种作者，他并不真实存在却为我们所知。有一次，在法兰克福书展上，各国知名出版人士聚在一起。当时有伽斯东·伽利玛、保尔·弗拉芒、勒迪－罗沃尔特、瓦伦提诺·邦皮亚尼，均为欧洲出版界的领军人物。[1]

1　伽斯东·伽利玛（Gaston Gallimard）、保尔·弗拉芒（Paul Flamand）、勒迪－罗沃尔特（Heinrich Maria Ledig-Rowohlt）、瓦伦提诺·邦皮亚尼（Valentino Bompiani）：这几位都是欧洲出版界的泰斗，他们分别是法国伽利玛出版社（Gallimard）、瑟伊出版社（Seuil）、德国勒迪－罗沃尔特出版社（Ledig-Rowohlt）和意大利里佐利出版集团（Rizzoli）的创始人。

他们讨论了新近操纵出版界的一个荒唐现象：出版商蜂拥而上为那些尚未经过检验的年轻作家哄抬价格。他们中有人提出臆造一个作家出来。他的名字是米洛·特迈什（Milo Temesvar），已著有《现在让我来说》（*Let Me Say Now*），颇得好评，当天早晨美国文库已报价五万美金。他们决定把这条消息传出去，看看有何反响。

邦皮亚尼回到展位，告诉我和其他同事这件事（当时我们替他工作）。我们都很喜欢这个点子，开始在展位通道里走来走去，把这个即将出名的米洛·特迈什的名字悄悄传出去。当天夜里，在一场宴会上，菲尔特里内利[1]走过来兴奋地告诉我们："别浪费时间啦。我刚刚买下了《现在让我来说》的全球版权！"

从那个时候起，米洛·特迈什成为我生命中一个很重要的人物。我曾经为特迈什的《帕特莫斯岛的销售员》写过书评，并假想这本书是对所有兜售启示录的人的讽刺。在我的介绍中，米洛·特迈什是阿尔巴尼亚人，由于政治左倾而被驱逐出国！他还受博尔赫斯的影响写过

1　菲尔特里内利（Giangiacomo Feltrinelli，1926—1972），意大利出版商。

一本书，描述镜子在国际象棋中的用途。至于他的这本关于启示录的书，我甚至还捏造了一个出版商，名字一看就知道是假的。我听说，当时意大利最大的出版商阿尔诺多·蒙达多利[1]让人把我的书评剪下来，并在上面用红笔写道："不惜任何代价买下版权。"

但米洛·特迈什不仅仅是这样。《玫瑰之名》的前言援引了特迈什的一篇文章。于是，我在一些参考文献里看到他的名字。最近，在一篇戏仿《达芬奇密码》的文章中，我援引了特迈什的格鲁吉亚语和俄语作品，从而证明他对丹·布朗的小说做出了极有学术价值的研究。我这一生都与米洛·特迈什相伴相随。

托纳克　无论如何，对于那些在书架上拥有众多藏书却从来没读过也永远不会去读的人，你们两位成功地消除了他们的负罪感！

卡里埃尔　我们的藏书并不一定是由已经读过或将要

1　阿尔诺多·蒙达多利（Arnoldo Mondadori，1889—1971），意大利出版商，他创建的同名出版社是意大利规模最大的出版集团。

读的书组成，明确指出这一点很重要。它们应该是一些我们会读的书。或者我们可能读的书。即便我们最终可能没有读。

艾柯　藏书是一种知识的保证。

托纳克　这就类似于酒窖。没必要把里面的葡萄酒全喝了。

卡里埃尔　我藏得一窖好葡萄酒。我知道我将把不少好酒传给后代。这首先因为我喝酒越来越少，买酒却越来越多。但我也知道，只要兴致好，我就能下酒窖喝千年份最佳的那几瓶美酒。我买初酿的葡萄酒。也就是说，收葡萄当年下订单，三年以后收到酒。这样做的好处在于，假如是上等的波尔多，酿酒商会把酒存放在酒桶里，等到最佳时机才装瓶。在三年之间，你的酒越来越醇，你也不至于过早喝掉它。这是一种绝佳的方式。三年后，你一般早已忘了自己曾订购过酒。于是，你收到一份自己送出的礼物。这真叫人愉快。

托纳克 书也许也该这么办？把它放在一边——不一定放在酒窖里，等它慢慢成熟。

卡里埃尔 无论如何，这将有助于抵制让人厌烦的"新奇效应"（effet de la nouveauté），否则我们会觉得自己被迫阅读，仅仅因为那是新的，刚刚问世。为什么不把一本"被人谈论"的书放在一旁，三年以后再读？我看电影常常采取这种方法。我既然没有时间看所有必看的影片，就保存那些总有一天我会下决心看的。不久以后，对于大部分影片，我已经失去观看的愿望和必要。从这一点看来，买新酿的酒无疑是一种过滤。我选择自己将在三年后喝的酒。这至少是我自己的心愿。

要么还有一种方法。请一位"专家"（expert）帮你履行过滤的职能，他要比你更精通此道，也了解你的兴趣。多年来，我就是请热拉尔·欧贝雷告诉我必须买哪些书，不论我当时的经济状况如何。他告诉我，我就去买。我们第一次见面时，我就是这样买到了一本18世纪末的小说，《保利斯嘉，或现代堕落：一个波兰女子的近期回忆》（*Pauliska ou la perversité moderne, mémoires récents d'une Polonaise*）。打那以后，我再也没有在市面上看到这本书。

我一直想在电影里表现这么一幅场景：主人翁是一个印刷工人。有一天，他发现妻子出轨。他找到了证据，一封情人写给她的信落到他手里。于是，他把情书的内容排到印刷机上，脱光妻子的衣服，绑在桌子上，将那封信尽可能深刻地印到她身上。赤裸裸的雪白肌肤成了纸张，那个女人痛苦地尖叫，化身为一本书。这就如霍桑的《红字》的前兆。把爱的字母烙在有罪的女人身上，这样的梦实在是一个印刷工人或者不如说是一个作家的幻想。

在这些公共大图书馆里，有一样东
西总让我着迷：绿色的灯罩投射出
一个明亮的光圈，光圈的中心总是
有一本书。你有你自己的书，与此
同时，你还被全世界的书所包围。

14

圣坛的书和地狱的书

无知就在我们四周，无处不在，往往还狂妄自大。无知甚至滋生使人疯狂的热忱。它充满自信，借政客的小嘴慷慨陈词，俨然胜券在握。相形之下，知识脆弱，易变，永远受威胁，怀疑自我。知识无疑是乌托邦式理想的最后一处避难所。你认为知识真的重要吗？

托纳克 我们在此向书致敬，向所有的书，向消失的书，向我们没读的书，也向我们不应读的书。在把书摆上圣坛的社会背景里，这份敬意尤其容易理解。也许你们现在可以谈一谈"书的宗教"问题。

艾柯 我们要强调很重要的一点：把三大一神教[1]称为"书的宗教"（religions du Livre）并不准确，因为佛教、婆罗门教和儒教也是与书相关的宗教。区别在于，在一神教里，圣书具有特殊的意义。它被认定有能力传译和转述神意，因而受到崇拜。

卡里埃尔 在三大书的宗教里，最无可争议的圣书当数最古老的希伯来圣经。一般认为，这份经文成文于公元前 7 至 6 世纪巴比伦沦陷时期。我们本应依据专家注疏来理解经文。不过，《圣经》里也说："太初有言，言

1　指基督教、犹太教和伊斯兰教。

与神同在。"[1] "言"如何成为书写？书为何成为"言"的象征与化身？如何确保从"言"过渡到书？从这些问题出发，书写这个简单事实具有某种近乎神奇的重要意义，仿佛拥有书写这一无可比拟的工具的人也就享有与神、与创世奥义的某种神秘关系。我们还要考虑"言"选择使用何种语言？基督若是降临在我们这个时代，他肯定会说英语，或者汉语。但他当时说阿拉米语，后来被译为古希腊语，再后来译为拉丁语。这一道道程序显然危及福音本身。耶稣当初所说的，真的等同于我们今天让他说的吗？

艾柯 19 世纪，有人提议在德克萨斯州小学教授外语，有个议员极力反对。他的理由颇为合理："既然英语对耶稣来说已经足够，我们不需要别的语言。"

---

1 《约翰福音》开篇。和合本译作："太初有道，道与神同在。"

卡里埃尔 印度的情况就不同了。典籍肯定有，但口述传统享有更高的威望。直到今日，口述传统依然被认为更加可靠。为什么呢？古代经文都是由一群人念出或唱出。倘若其中有人弄错了，其他人会纠正他。流传近千年的长篇史诗口述传统，要比僧侣们手抄的经文更准确，因为僧侣们在手抄那些古老经文时，不仅会依样照抄前人笔误，还会加进新的谬误。在印度世界里，不存在把言与神、与创世相连的观念。原因很简单：印度的神也是被创造出来的。太初一片混沌，在音乐或声响中震颤。几百万年后，这些声响化作元音。元音再慢慢组合，补上辅音，转变为文字。文字再组合，构成吠陀经。吠陀经没有作者。这是宇宙的产物，并由此而得权威。谁敢怀疑宇宙之言呢？不过，我们可以也必须尝试着去理解。吠陀经极其艰涩，正如它产生于其中的无边深渊。必须借助经注才能读懂。这样就有了《奥义书》和印度教的经注，也就有了作者。正是通过这些经注及其作者们，神才得以显现。文字创造神。不是神创造文字。

艾柯 印度人是最古老的语言学家和语法学家，这并非偶然。

托纳克　你们能不能讲一讲当初如何步入这"书的宗教"？你们一开始是怎么与书接触的？

卡里埃尔　我出生在乡下一个没有书的家庭。我猜我父亲一生都在反复读同一本书，乔治·桑的《瓦朗蒂娜》。有人问他为什么老是读这本书，他回答："我很喜欢这本书，为什么还要去读别的书呢？"

除了几本旧弥撒经外，最早进入我家的是儿童书。我有生以来第一次看见的书应是望弥撒时的圣经，摆在祭台上，神甫恭敬地翻着书页。我的第一本书因而是被崇拜的对象。在那个年代，神甫总是面朝信徒，充满热忱地读福音书，并在开头唱："那时，耶稣说……"（In illo tempore dixit Iesus discipulis suis...）

唱书过程中，真理油然而生。在我心里有着深深的烙印：书永远处于优越乃至神圣的地位，供在我童年时代的圣坛上。书之所以为书，就在于它含有人类所不知道的真理。

有趣的是，多年以后，我在劳莱与哈台[1]的电影里重新体会了这种情感——他们是我最喜爱的电影人物。劳莱说了什么，我忘了。哈台表示惊讶，问他是否真能肯定。劳莱回答："我知道，我从一本书上读到的。"直到今日，这个理由在我看来依然充分。

我很早就开始收藏书了，如果那时候算得上收藏的话。我发现了一张自己十岁时列出的书单。单子上居然有八十本书！儒勒·凡尔纳、詹姆斯·奥利弗·柯伍德、詹姆斯·费尼莫尔·库柏、杰克·伦敦、梅恩·里德[2]，等等。我保存着这张书单，这就像我的第一份书目。书在当年很有诱惑力，不仅因为匮乏，还因为庄严的弥撒经在我们乡下散发出奇特的光晕。那可不是赞美诗集，而是一本真正的书，开本挺大，对于一个孩子而言算是很沉了。

---

1 劳莱与哈台，英国出生的瘦子劳莱 (Stan Laurel, 1890—1965) 和美国出生的胖子哈台 (Oliver Hardy, 1892—1957)，世界喜剧电影史上著名的二人组合。

2 儒勒·凡尔纳 (Jules Verne, 1828—1905)、詹姆斯·奥利弗·柯伍德 (James Oliver Curwood, 1878—1927)、詹姆斯·费尼莫尔·库柏 (Fenimore Cooper, 1789—1851)、杰克·伦敦 (Jack London, 1876—1916)、梅恩·里德 (Mayne Reid, 1818—1883)，均为 19 世纪小说家。

艾柯 我发现书的经历与此不同。我祖父是印刷厂的排字工人，他去世的那年我大概有五六岁。他和那个年代的所有印刷工人一样，政治上非常积极，参与一切社会斗争。他是一位人道主义的社会党人，不仅和朋友们一起组织罢工，还在罢工当天邀请那些镇压罢工者到家里吃饭，以免他们被殴打。

我们时不时出城去探望他。他退休以后开始装订书籍。在他家里，有个架子上摆着成堆等待装订的书。大部分都带插画；你知道，这些 19 世纪的通俗小说版本往往配有乔诺、勒诺阿[1]的版画……我对连载小说的热爱显然很大程度上来源于这个时期，就在我祖父的工作室里。他去世以后，家里还有一些他为别人装订的书，始终没被取走。所有这些书全被放进一个大箱子。我父亲是十三个儿子里的长子，继承了这个箱子。

这个大箱子就放在我家的地窖里，我在那里可以尽情满足在祖父家被激起的好奇心。我有时要下到地窖取

---

1 乔诺（Tony Joannot）和勒诺阿（Thierry Lenoir）均为 19 世纪画家。

生火的木炭或一瓶葡萄酒，就会再次发现所有那些尚未装订的书。对于一个八岁的孩子来说，这些书实在太神奇了。一切就在那里，只为了开启我的智力。那里面不仅有达尔文的著作，还有一些色情小说，以及1912—1921年间每集意大利语版的《陆海旅行历险报》[1]。我的想象力沉浸于所有这些勇敢的法国人身上，他们愤然攻击卑鄙的普鲁士人，其中含有过激的民族主义情绪，我自然觉察不出。不用说，一切都带着残酷的辛辣风格：被砍下的头颅、被玷污的处女、被开膛的孩子，在最具异域情调的土地上。

不幸的是，祖父的这份遗产全都不见了。我自己反复翻阅，又把它们借给朋友，如今它们已化成一缕魂魄消失。有家意大利出版社叫松佐诺[2]，专门出版插画版的历险记。六十年代，为我出书的出版集团收购了这家出版社，我很高兴地想，也许可以就此找到小时候读过的

---

1 《陆海旅行历险报》（*Journal des Voyages et des Aventures de Terre et de Mer*），创刊于1897年。

2 松佐诺（Sonzogno），出版商 Edoardo Sonzogno 于1807年创办。

一些书，比如贾科里奥[1]的意大利语版《海上破坏者》。然而，出版社的库存已在战争期间被炸毁。多年以来，为了重建童年时代的图书室，我不得不在旧书摊和跳蚤市场上碰运气，这个工程至今未完成……

卡里埃尔　你刚才强调的一点很重要：童年读物影响人的命运。兰波专家指出，《醉舟》深受伽布里埃·费里[2]的《印第安人科斯塔尔》的影响。不过，我在想，安贝托，你从小读历险故事和连载小说，我则从圣书读起。至少是一本圣经。这也许多少解释了我们在人生经历上的差异，谁知道呢？我第一次去印度时，发现印度宗教仪式中没有书，这着实让我大吃一惊。没有经书。信徒们也没有任何东西去念或唱，大部分人不识字。

正因为此，我们在西方强调"书的宗教"这一说法。圣经、新约和可兰经充满权威。这些书不面向文盲、未

1　贾科里奥（Louis Jacolliot，1837—1890），法国作家，这里提到的作品是 1890 年的 *Les Ravageurs de la mer*。

2　伽布里埃·费里（Gabriel Ferry，1809—1852），法国作家。《印第安人科斯塔尔》（*Costal l'Indien*）写于 1852 年，描述了墨西哥独立战争时代的故事，从上文看，兰波小时候显然读过这本书并在创作《醉舟》时受到影响。

受过教育或低阶层的人。这些书不是神所写的，而是在神的授意或启示下写的。可兰经由天使口授而成，先知被命令去"读"（这相当于最初的命令），并承认自己一无所知，一无所学。阅读和讲述世界的能力，在那时才赋予他。宗教，与神的交流，将人类引向知识。阅读至关重要。

福音书是使徒们的见证，他们记录了上帝之子说过的话。就希伯来圣经而言，书起了根本的作用。在别的宗教里，书从未扮演这样一种连接神的世界和人的世界的角色。某些印度经书极其神圣，比如《薄伽梵歌》。但即便如此，这些经书并不真正属于宗教仪式的对象。

托纳克　古希腊罗马世界崇拜书籍吗？

艾柯　不作为宗教崇拜对象。

卡里埃尔 罗马人也许崇拜《女先知书》[1]，也就是古希腊女祭司们的预言，这些书后来全被基督徒烧毁。古希腊的两部"圣书"无疑就是赫西奥德和荷马[2]。但我们不能说这是一种宗教崇拜。

艾柯 在多神教的文明里，不可能存在一种高于其他权威的权威，因此，某种启示独一无二的"作者"这个概念毫无意义。

卡里埃尔 《摩诃婆罗多》的作者是一位游吟诗人，叫广博仙人[3]，印度的荷马。那是书写产生以前的年代。最早的作者广博仙人并不懂得书写。他解释说，他创作了"世界大史诗"（le grand poème du monde），这首诗将

---

1 《女先知书》（*Libri Sibyllini*），即《西卜林书》，神谕诗句集。"西卜林"源出于希腊文"西卜拉"，是古代异教女预言家的称谓。古罗马共和国与帝国时代有在重大危机时向该书求神谕的传统。
2 指赫西奥德（Hesiode）的《神谱》和《劳作与时日》，荷马的《伊利亚特》和《奥德赛》。
3 广博仙人（Vyasa），音译为"毗耶婆"，意思是"分开者"，相传为吠陀经和《摩诃婆罗多》的作者，但有一些学者认为，"毗耶婆"的署名只是说明这些典籍分别出自不同编写者之手。在《摩诃婆罗多》中，广博仙人又称为岛生黑仙人。

告诉世人一切必要的知识，但他没法写下来，他不会书写。人类（或诸神）当时还没有发明书写。广博仙人需要有人写下他的知识，从而借助书写在人类之间确立真理。于是，大梵天派去半神伽内沙，[1] 他大腹便便，头如大象，还带着书写器具。每次写字时，他就拔下一根象牙浸在墨水里。所以，伽内沙的雕像总缺了右边的象牙。在写卜史诗的过程中，广博仙人和伽内沙还展开激烈的竞赛。《摩诃婆罗多》与书写同时诞生，它是第一部书写作品。

艾柯 荷马史诗也有相似的传说。

卡里埃尔 我们刚才说到崇拜古腾堡圣经，在这种"书的宗教"的背景里显得尤其合理。现代书籍史也开始于圣经。

艾柯 不过这种崇拜仅限于珍本收藏家之间。

---

1 大梵天（Brahma）为古印度神话里的创世神，伽内沙（Ganesha）又称象鼻神，是印度教主要神灵之一，象征智慧和成功。

卡里埃尔　一共有多少古腾堡圣经呢？你知道吗？

艾柯　在这个问题上说法历来不一。我们可以假设当初印了两三百本，有八十本流传至今，其中十二本用上等羊皮纸印制。也许还有一两本长眠在某个人家里。比如刚才提到的那位不知情并随时准备出让的老太太。

卡里埃尔　书的圣化证明了读和写在文明渐进史上所获得和保持的重要意义。否则，中国古代士大夫的特权从何而来？还有埃及文明中的书吏[1]？读写知识的权利仅限于一小部分人，而这小部分人从中获取异乎寻常的权威。假如你和我是本地唯一懂得读写的人，我们将可以在书信中进行神秘的交流，骇人的揭露，而无人能质疑信中内容。

托纳克　有关书籍崇拜，费尔南多·巴埃斯在《焚

1　书吏（scribe），古埃及官僚制度中的重要管理阶层，掌握记录、计算、测量、检查、裁判等行政权力。"书吏"一词在古埃及语中指"书写之人"。

书通史》中指出，金嘴狄翁[1]曾记录四世纪的某些人在脖子上挂古抄本以保佑自己不受邪恶力量的损害。

卡里埃尔 书既有可能是辟邪物，也有可能是巫术器具。西班牙修士们焚烧了墨西哥古抄本，为了替自己辩护，他们声称这些书是不祥的。这种说法完全自相矛盾。他们自己若是带着真正的神的力量而来，那么虚假的神又如何能够显示力量？有关藏文经书也有相似的流言，某些经书被指控包含令人生畏的神秘教义。

艾柯 你知道圣塞维罗王子雷蒙多·迪·圣戈洛[2]对魁普[3]的研究吗？

卡里埃尔 你是说印加人用以弥补没有书写的那种绳

1　金嘴狄翁（Jean Chrysostome，347—407），君士坦丁堡大主教，重要的希腊教父，以演讲雄辩才能著称，故有"金嘴"之誉。
2　雷蒙多·迪·圣戈洛（Raimondo di Sangro，1710—1771），意大利圣塞维罗（San Severo）第七世王子，他是发明家、军事家、解剖学家和作家，同时还从事共济会和炼金术方面的神秘学研究。
3　魁普（quipus），古代印加人用以计数和记事的打结绳，一般被视为印加文明最初的书写工具。

结吗？

艾柯　完全正确。格拉菲尼夫人[1]写了《一个秘鲁女子的书信》，这部小说在 18 世纪获得巨大成功。那布勒斯王子、炼金术士雷蒙多·迪·圣戈洛曾着手研究格拉菲尼夫人的书，并发表了有关"魁普"的杰出研究成果，文中附带彩色图解。

这位圣塞维罗王子是个非凡的人物。他本人很可能是共济会成员和神秘术士，尤以他命人在那布勒斯礼拜堂里完成的人体雕塑闻名，这是一些去除表皮的裸体，浑身布满筋脉，极尽写实，以至于人们一度认为他是以活人的身体为标本，很可能是一些奴隶，被他注射了某种试剂而变得僵硬如石头。你如果去那布勒斯，一定要到圣塞维罗礼拜堂的地下室里欣赏这些雕像。这些人体雕塑很像是石化的维萨里[2]作品。

1　格拉菲尼夫人（Françoise de Graffigny，1695—1759），18 世纪法国文学史最重要的女性之一，代表作就是 1747 年的《一个秘鲁女子的书信》（*Lettres d'une Péruvienne*）。

2　维萨里（André Vesale，1514—1564），比利时科学家、解剖学家，著有《人体的构造》（*De humani corporis fabrica*），一般被视为近代人体解剖学的创始人。

卡里埃尔　放心，我一定不会错过的。刚才说到那种引起各种令人惊叹的解释的绳结书写方式，我想到了秘鲁的大地画[1]。有冒险精神的人传说，这是外太空生物留下的痕迹，用以传达某种信息。克里斯坦·贝尔纳[2]写过相关题材的短篇小说：有一天，地球人发现从某个遥远星球发来的信号。他们共同商议，试图了解这些无法辨识的符号。最后，他们决定在撒哈拉沙漠画出长达三十公里的字母，组成尽可能简短的话语。他们选择："Plaît-il?"[3]然后在沙上用巨型字母写下这个句子，花了好几年时间。不久以后，他们惊讶地收到如下答复："谢谢，但信号不是发给你们的。"

换个话题。安贝托，你认为书是什么？凡是包含可读信号的东西都是书吗？罗马卷轴是不是书？

艾柯　是的。我们把罗马卷轴视为书籍史的一部分。

1　指位于秘鲁南部纳斯卡高原（Nazca）的巨型线条画，绵延数公里，构成各种图案镶刻在大地上，其成因至今未被破解。

2　克里斯坦·贝尔纳（Tristan Bernard，1866—1947），法国短篇小说家，戏剧家。

3　法语 Plaît-il，意为："没听清楚，请再说一遍？"

卡里埃尔 人们可能说：一本书就是一件可以被读的东西。这是错的。报纸可以被读，但不是书。一封信、一个墓碑、游行时的一条横幅、一张标签或我的电脑屏幕都不能算书。

艾柯 我认为，定义书有一种方式，就是思考语言与方言之间的差别。语言学家们没有认识到这一差别。但我们可以这么解释：方言是一种没有军队和舰队的语言。因此，威尼斯语在外交和商业上通用，我们把它视为一种语言。相反，皮埃蒙特[1]方言从来都不是如此。

卡里埃尔 所以皮埃蒙特语始终是一种方言。

艾柯 完全正确。因此，你如果拥有一个小小的石碑，上面只有一个符号，比如一个神的名称，这就不是一本书。但若是一个方尖碑，上面有许多象形文字，记

1　皮埃蒙特（Piemonte），意大利一行政区，首府为都灵。历史上的皮埃蒙特之战，是拿破仑征服意大利的经典战役。

录着埃及的历史，那么你就拥有某种类似于书的东西。这就好比文本与句子之间的差异：句子结束在句号的地方，文本则超越标志着第一个句子结束的句号。"我回家。"句子就此结束。"我回家。我遇见母亲。"这就是文本了。

卡里埃尔 我想摘引保罗·克洛代尔在《书的哲学》里的一段文字，这篇论文最早是在佛罗伦萨一次讲座的内容，并于1925年正式出版。我并不欣赏克洛代尔的做皮，但他偶尔也有令人赞叹的闪光点。这篇论文以一种超验式的宣告开篇："我们知道，世界其实是一个文本，它在向我们述说，谦卑而欢快，它既以自身的沉默述说，也以另一位的永恒存在（即创世主）述说。"

这明显是一个基督徒的话。稍远一点，他又说道："我想到研究书的生理学——文字、页面和书本身。文字只是句子未平息的一部分，是通往意义之路的一小段，是路过的思想的昏眩。相反，中国字在人的眼前始终稳固……书写述说自身的神秘。古代和现代拉丁语都是为写在石头上而被造的。最早的书体现了一种建筑的美。随后，精神运动加速，思想之流扩大，行与行间缩短，字体修饰变圆。这页潮湿而令人颤抖的纸一经从毛笔的尖嘴产生，印刷机很快就加以录入和制版……这就是人类的书写，从某种意义上被单线条勾勒而出，被简化如一种机器装置……诗是一行文字，它停在那里，不是因为它到达底限不再有延伸的空间，而是因为它的内在密码已形成，功效已实现……每一书页在我们眼前展开，犹如巨大的花园里一个个相连的露台。眼睛以某个形容词为伴，如此美妙，带着侧面式的袭击，这个形容词突然从某个中性词流溢而出，带着石榴色或火般的暴力……一座大型图书馆总让我想到煤矿层理，充满化石、印记和时机。那是情感与激情的植物图集，是保存人类社会各种枯燥样本的广口瓶。"

艾柯 这段文字充分显示了诗与修辞的差异。诗让人以全新的方式重新发现书写、书籍和图书馆。克洛代尔所说的，都是我们早已知道的。比如，诗行不在页末结束，而应遵循某种内在规则，诸如此类。这是一种崇高的修辞。可他丝毫没有提出任何新的观点。

圣坛的书和地狱的书

卡里埃尔 克洛代尔在他的藏书里看到"煤矿层理"，我有个朋友则把自己的藏书比作一件暖和的皮衣。他觉得书给了他温暖和庇护，既让他免除谬误和疑虑，也避开寒冷的天气。处于世上一切思想、一切情感、一切知识和一切可能的流浪之间，觉得安全又舒适。我们从不会在自己的藏书中间感到寒冷。至少不会遭遇冰冷的无知的威胁。

艾柯 图书馆的氛围也有助于增强这种安全感。它的构造最好是老式的，也就是木头建筑。灯最好是从前法国国家图书馆那种绿颜色的灯。棕色和绿色的搭配有助于形成这一特殊氛围。多伦多图书馆绝对现代（并且是成功的现代图书馆的样板），不可能创造类似于耶鲁大学斯特林纪念图书馆的那种安全感。后者有仿哥特风格的阅览室，每层楼配有 19 世纪的家具。我还记得，正是在斯特林纪念图书馆里做研究时，我的脑海中浮现出了《玫瑰之名》中的图书馆谋杀场景。夜里在图书馆的夹层阁楼看书时，我总是觉得任何事情都有可能发生在我身上。当时没有通往阁楼的电梯，每次坐到那个座位上，你会觉得永远也不会有人前来搭救你。事发好些天后，人们也许会在某个书架底下发现你的尸体。图书馆同样具有萦绕着纪念馆或坟墓的那种保存的意味。

卡里埃尔　在这些公共大图书馆里，有一样东西总让我着迷：绿色的灯罩投射出一个明亮的光圈，光圈的中心总是有一本书。你有你自己的书，与此同时，你还被全世界的书所包围。你既拥有细节也有全部。为此，我总是避免去那些冰冷而无特色的现代图书馆，在里面看不见书。人们全然忘了一个图书馆可以很美。

艾柯　我做博士论文时花了大量时间在圣·热内维埃芙图书馆[1]。在这类图书馆里，我们很容易集中精力阅读身旁的书籍并做笔记。自从有了施乐公司[2]的复印机，一

1　圣·热内维埃芙图书馆（Bibliothèque Sainte-Geneviève），巴黎拉丁区的图书馆，位于先贤柯广场 10 号。它的前身是中世纪的同名修道院图书馆，法国大革命后由建筑师 Henri Labrouste 设计重建。
2　施乐公司（Xerox），1949 年推出第一台静电复印机，"施乐"在西方一度是复印的代名词。

个时代的终末就此开始。你可以把书复印了带回家。你家里全是复印件。你既然拥有这些复印件，从此也就不会再去读。

在网络方面，我们面临同样的处境。要么你打印，让周围充斥着这些你不再去读的资料。要么你在屏幕上阅读资料，但只要点击鼠标进一步搜索，你就会忘了刚才读过的内容，尽管正是这些内容将你带到此刻屏幕上显示的页面。

卡里埃尔　我们还有一点没谈：为什么决定把一本书放在另一本书旁边？为什么采取这种而不是那种整理方法？为什么突然改变藏书次序？只是为了让这些书和那些书并排在一起吗？还是为了更新常读的书？或相邻的书？我猜测书之间存在某种交流，我期待这种交流，并促成这种交流。原本在底下的书，我移到上面，好让它们重获一点尊严，好让它们回到我的视线之内，好让它们明白，我并非有意把它们放在底下，并不认为它们低人一等，值得轻视。

前面已经说过，我们当然必须过滤并促进过滤——

无论如何过滤总会发生，必须竭力挽救那些在我们看来不应半途丢失的书。有些书可能会让我们的后人感兴趣，有些书则有可能帮助他们，或让他们取笑我们。我们还必须在适当的时候小心给出指引方向。然而，我们经历了一个被卡住的不明确的时代，每个人的首要义务显然在于——只要他有能力——促进知识、经历、观点、希望和计划之间的交流。要把这些联系在一起。这也许是我们的下一代的首要工作。列维-施特劳斯说过，文明只在与其他文明联系时才有生命力。一个孤立的文明不再配得上文明的称号。

艾柯 有一次，我的秘书想替我建立一个藏书目录，以便明确每本书的位置。我劝她别这么做。当我在写《寻找完美的语言》时，我用新的目光、以新的准则来衡量我的藏书，调整书本的位置。哪些书最有可能启发我对这个主题的思考？当我写完后，有些书回到语言学的架子里，有些书回到美学的架子里，另一些则进入新研究的参考书目。

卡里埃尔 我不得不说，再也没什么比整理藏书更困难。除了想要整理组织整个世界，这就是最难的了。谁来冒险干这个事儿？如何整理？按内容分类吗？但这样一来，书的开本会大相径庭，你还得重新整理书架。要么按开本分类？按年代？按作者？有的作者涉及各种学科门类。你若选择按内容分类，那么基尔歇这类作者的作品将分散于各个书架。

艾柯 莱布尼茨提过同样的问题。在他看来，这是整理一种知识的问题。达朗贝尔和狄德罗在《百科全书》上也提过相似问题。[1]

卡里埃尔 这些问题真正提出还是在近代。17世纪的一个大型私人图书馆顶多有三千册藏书。

艾柯 我们再重复一次，这仅仅因为那时的书籍比如今昂贵很多。一个手抄本就价值不菲，以致人们有时

---

1 《百科全书》的知识分类，和图书馆分类有相似之处。

候情愿自己手抄一遍。

我来讲个有趣的故事。我去参观葡萄牙的科英布拉图书馆。书桌全铺着一层毡，有点儿像台球桌。我询问这一保护措施的缘由。有人告诉我，这是为了防止书籍沾上蝙蝠屎。为什么不干脆除掉蝙蝠呢？理由很简单，蝙蝠是书虫的天敌。与此同时，也不能彻底消灭书虫。因为，通过书虫在印刷初期珍本里的痕迹，我们得以了解纸张的装订方式，以及是否有一部分纸张比别的更新。有时候，书虫的印迹会组成奇特的形象，犹如古籍上的特定图章。在写给珍本收藏家的手册里，我们总能找到各种防范书虫的指示。其中一种建议是使用齐克隆 B，一种杀虫剂，纳粹曾用于集中营里的毒气室。当然，这东西用来杀虫比杀人强多了，但难免让人有点毛骨悚然。

另一种方法不那么野蛮，就是在图书室里放一只闹钟，要老祖母们使用的那种闹钟。闹钟有规律的响声和传到木头书架里的颤动，据说会阻止书虫爬出来。

卡里埃尔 换言之，这是一只让书虫休眠的闹钟。

托纳克　书的宗教氛围无疑激发了某种阅读热情。但事实上，这个星球上的大部分居民远离书店和图书馆。对于他们来说，书仅仅是死去的文字。

艾柯　据伦敦的一次调查显示，四分之一的受访者认为丘吉尔和狄更斯是虚构人物，而罗宾汉和福尔摩斯是真实人物。

卡里埃尔　无知就在我们四周，无处不在，往往还狂妄自大。无知甚至滋生使人疯狂的热忱。它充满自信，借政客的小嘴慷慨陈词，俨然胜券在握。相形之下，知识脆弱，易变，永远受威胁，怀疑自我。知识无疑是乌托邦式理想的最后一处避难所。你认为知识真的重要吗？

艾柯　我认为这是基础。

卡里埃尔　让大多数人获得尽可能多的知识吗？

艾柯　让我们中尽可能多的人认识过去。是的。这是一切文明的基础。老人在夜里坐在橡树下讲述部落的历史，他由此建立起部落与过去的关系，并传承着漫长岁月的经验。人的天性倾向于认为——正如美国人所做的那样——三百年前的事件不算数，和我们没有任何关系。乔治·布什从未读过有关大英帝国在阿富汗的战争的著作，不可能从英国人的经验里汲取任何教训，于是他把军队派到了前线。希特勒要是研究过拿破仑在俄罗斯的战役，大概也不会愚蠢地进攻苏联。他本该知道，夏天不够长，军队不可能在冬天以前到达莫斯科。

卡里埃尔　我们说到试图禁书的人，以及出于懒惰或无知而不读书的人。不过，尼古拉斯·德·库斯[1]有一种理论叫"博学者的无知"。"从一片树叶里，你会得到比一本书更多的东西，"圣·贝纳尔写信给沃克莱修道院院长亨利·穆达克，"树木和石头将教给你任何导师都无法给你的东西。"书只是得到肯定和印刷的文本，甚至从这

1　尼古拉斯·德·库斯（Nicolas de Cues，1401—1464），德国中世纪宗教思想家，笛卡儿曾在两世纪后把他视为科学思想的主要迫害人之 一。

一事实来看，书也不能给我们任何教诲。书还常常是可疑的，因为它让我们去分享某个个体的感官印象。只有在对自然的冥想中才有真正的知识。我不知道你是否读过胡塞·贝加明[1]的一本很出色的书，《文盲的没落》。他提出如下问题："我们在学会阅读时丧失了什么？史前人类或没有书写的民族都具有何种形式的认知（我们已无可挽回地丢失了这些认知）？这个问题没有简单的答案，和一切尖锐问题一样。

艾柯 在我看来，每个人都可以给自己找到答案。面对这个问题，伟大的灵知论者们各持己见。坎贝斯的多马[2]在《师主篇》中说，他永无可能在生活里获得平静，除非带着一本书远离人群。当一缕阳光照在面前的锡壶

1　胡塞·贝加明（José Bergamín，1895—1983），西班牙作家，诗人。这里提到的《文盲的没落》原文标题为 *La decadencia del analfabetismo*（1961）。

2　坎贝斯的多马（Thomas a Kempis，1380—1471），又译为多玛斯·耿稗思，中世纪修道士，一般认为他是《师主篇》（*Imitation de Jesus-Christ*，直译为"仿效耶稣基督"）的作者。

上时，雅科布·柏麦[1]则经历了最重大的灵知时刻。在那一瞬间，他根本不在乎手头是否有书，他已经获得自己未来全部著作的灵感。不过，我们这些读书人大概从某个阳光照射下的洗澡盆里得不出什么好处。

卡里埃尔　回到图书馆上。也许你也有过相似的经历。我常常走进某个放书的房间，只是看着这些书，不去碰它们。我得到某种难以言喻的东西。我负责电影学院[2]时，听说让-吕克·戈达尔想在巴黎找一个工作的场所。我们于是拨给他一个房间，唯一的要求是他在剪辑影片时必须带着几名学生。他拍了一部电影，拍摄完毕以后，他把装着一卷卷胶片（也就是一组组连续拍摄镜头）的颜色各异的卷筒摆在架子上。在剪辑前的几天里，他就这么盯着那些卷筒，也不去打开。这不是游戏。他独自一人，盯着那些卷筒。我有时候会过去看看他。他就在那里，似乎在努力回忆起什么，或者在找寻某种秩

1　雅科布·柏麦（Jakob Böhme，1575—1624），德国灵知论者。据说他曾声称："我只读一本书，我自己的书，我自己。"他在著作中多次记录自己的灵知经历，最早是在1600年。
2　指前文提到的国家电影学院 La Lémis。

序，某个灵感。

艾柯 这样的经历并非只属于那些家中有丰富藏书的人，或者——在你的例子里——有无数卷胶片的人。我们在公共图书馆或大书店里也可以有相似的体验。有多少人不是从书香中获得养分，而他并不拥有这些书，只能在书架上看看？凝望着书，从中获得知识。所有没读过的书都在向你承诺着什么。话说回来，我们有个值得乐观的理由：今天有越来越多人有条件看见大量书籍。我还是孩子的时候，书店是个阴暗、冷漠的所在。走进一家书店，有个穿黑衣的人上来问你想要什么书。这有点儿吓人，你不会想多待一会儿。在人类的文明史上，从来没有像今天这样有如此多的书店，舒适，明亮，你可以在里面散步，随便翻看，浏览三四层架子上的书，比如法国的 Fnac 书店，意大利的 Feltrinelli 书店。我去这些地方时总能看到许多年轻人。我再强调一次，他们并不一定要买书，甚至也不一定要读书。他们只需翻一翻，瞄一眼封底介绍。我们不也通过阅读快捷书评而获得大量知识吗？有人说，在地球上的六十亿人口里，读书人的比例很低。我们可能要对这种说法提出反对意见。在我小时候，全球只有二十亿人口，书店里却几乎没有人。我们今天的比例似乎更高一些。

托纳克 但是，你刚才也说过，网络的信息过剩最终有可能带来五十亿个百科全书，产生反作用，造成瘫痪……

艾柯 在一个漂亮书店里的"有尺度"的眩晕和网络的无限眩晕之间，还是有差别的。

托纳克 我们提及把书神圣化的"书的宗教"。大写的至高无上的书传达出某种价值，凡是背离这些价值的书都会丧失资格并遭到摒弃。我想，在这些讨论之后，我们应该谈一谈藏书中的"地狱"，也就是这样一些书，尽管没有被焚毁，却被搁在一边，远离一切可能的读者。

卡里埃尔 谈论这个话题有好几种方式。比如，我曾吃惊地发现，直到20世纪下半叶，西班牙文学里不存在任何情色作品。这是某种形式的"地狱",不过里面空无一物。

艾柯 但西班牙人却说出了世界上最可怕的亵渎神明的话,我都不敢复述。

卡里埃尔 是的,但连一部情色作品也没有。有个西班牙朋友告诉我,六十年代他还是孩子的时候,有个伙伴告诉他,《堂吉诃德》里居然提到 tetas,也就是女人的奶子。在当时,一个西班牙男孩因为在塞万提斯的作品里看到 tetas 这个词而感到吃惊甚至兴奋。除此之外他一无所知。甚至连骑士颂歌都没有。从拉伯雷到阿波里奈尔,所有法国大文豪们都至少写过一部情色作品。西班牙作家却没有。在西班牙,审查真正做到了净化词汇、扼杀文字,如果没能扼杀事物本身的话。奥维德的《爱的艺术》也长期被禁。奇怪的是,有些专写这类文学的拉丁语作家都来自西班牙。我想到了马尔蒂亚里斯[1],他是卡尔塔尤德人。

---

1 马尔蒂亚里斯(Marcus Valerius Martialis,40—104),拉丁诗人。

艾柯 有些文明在性方面开放得多。庞贝壁画或印度雕像就让人有这种印象。文艺复兴时代的人比较开放，但到了反宗教改革时代，人们开始给米开朗基罗的裸体穿衣。中世纪的情况最奇特。官方艺术极为一本正经，极为虔诚；然而，在民间创作和吟游诗人诗里却有大量的猥亵之作……

卡里埃尔 据说印度是情色的发祥地。这也许是因为印度拥有迄今最古老的性爱指南《爱经》。这本书和克久拉霍神庙[1]正面雕饰一样展示了性交的各种可能的位置和方式。然而，自从这看似淫逸的时代以来，印度一直在朝着某种越来越严苛的清教主义演变。印度当代电影里甚至没有接吻的镜头。这无疑一方面受到伊斯兰教的影响，另一方面受到英国维多利亚时代风俗的影响。但我相信这里面同时存在着某种纯属印度的清教主义。说到我们自己，我记得五十年代做学生的时候，要想找色情小说，只能到巴黎克里希大道和日耳曼－皮隆拐角处的一家书店的地

1　克久拉霍神庙（Kajuraho），印度中部的神庙古迹群，建于950—1150年间，以其建筑正面的性爱图腾著称。

下室去。我们也没什么好自我吹嘘的！

艾柯　巴黎国家图书馆的"地狱"藏书，恰恰就是这个原则。书没有被禁，但不是所有人都能看到。

卡里埃尔　国家图书馆的"地狱"藏书基本带有淫色意味，与传统风俗相悖，这批藏书创建于法国大革命以后，均从修道院、城堡和个人藏书（包括王室图书馆）充公而来。这个"地狱"等待着复辟时代的到来，各式各样的保守主义将重新取得胜利。我很喜欢一种说法：必须有特殊许可才能阅览"地狱"里的书。人们以为下地狱很容易，其实并非如此。地狱被锁着，不是任何人想去就去。另外，弗朗索瓦·密特朗图书馆曾经组织过一次展览，展出这些"地狱"之书，反响极佳。

托纳克　你们去参观这座地狱了吗？

艾柯　这批藏书如今都已再版，再去参观又有什么必要？

卡里埃尔 我没去参观，只了解一部分，里面肯定有一些书是我们读过的，并且是收藏者们多方求索的珍本。这批藏书并不仅限于法文书。阿拉伯文学在这一领域取得了非常丰富的成果。阿拉伯语和波斯语都有类似于《爱经》的典籍。只不过，相比我们提及的印度，阿拉伯－穆斯林世界似乎早已遗忘了它热情似火的源头，而陷入某种与这些民族的传统格格不入的意想不到的清教主义。

回到 18 世纪的法国。毋庸置疑，正是在这个世纪里，带插图的色情文学（发源于两个世纪以前的意大利）开始出现并大受欢迎，虽然往往以非法形式出版。萨德、米拉波和雷斯蒂夫的书都是暗中出售。这些作者写的情色小说大同小异，讲的都是某个年轻的外省女子面临巴黎的各种荒淫陷阱。

这其实是一种伪装之下的前法国大革命文学。在那个年代，色情文学确实扰乱了好风俗和好思想。它是对社交礼俗的正面攻击。在狂欢的酒宴背后，我们几乎听见了大炮的声响。米拉波就是这样一位情色作家；对他而言，性是一场社会大地震。这种性的兴奋、色情文学与革命前夜的社会环境之间的联系，在法国大革命之后显然就不再以相同的面貌呈现。别忘了，在恐怖时代，一些真正的爱好者租一辆马车，前往协和广场观看死刑现场，并冒着极大的生命危险，利用这个机会在车里或干脆在广场上读一段方块文章。

萨德侯爵在这方面是个无与伦比的非凡人物。他是一位革命者。被关进牢狱是因为革命，而不是因为他的著作。我们必须强调一点：他的书确实刺激人心。阅读这些滚烫的字句与创作这些作品一样，是颠覆性的行为。

大革命以后，色情文学依然存在这种颠覆性的维度，不过是在社会范畴，而非政治范畴。当然，这些书也照旧被禁。为此，某些作者始终否认他们曾经写过色情小说，即便在我们今天。阿拉贡始终否认自己是《伊莲娜的阴户》的作者。不过，有一点可以肯定：他们不是为了赚钱而写。

这些注定下地狱的书遭遇查禁，因而卖出的数量极为有限。在这种情况下，写作的欲望大大超过了赚钱的欲望。缪塞在和乔治·桑写《伽米亚妮》[1]时，也许感到有必要摆脱自己通常的矫揉造作。他直截了当。这成了"过度的两夜"。

我和昆德拉多次谈论过这个话题。他认为基督教通过忏悔和强制劝说，做到了无孔不入，直至情人们的床上，约束他们的乐趣，让他们有犯罪感。这种犯罪感也许当时是美妙的，比如在鸡奸的情况下，但稍后他们必得忏悔和赎罪。因此，这种罪又把人引回教会。相比之下，共产主义从来做不到这一点。马列主义如此复杂，组织如此强大，也要在卧室的门槛前止步。在共产主义专政下的布拉格，一对男女发生性行为（尤其是非正当关系），会意识到他们在进行一桩颠覆性的行为。自由不复存在，生活的各个方面都是这样，却独独还在床上。

---

1 《伽米亚妮》（*Gamiani ou deux nuits d'excès*），19世纪畅销色情小说，初版于1833年。作者是否缪塞曾有争议。小说描述了伽米亚妮公主和两个女人在两个夜里交流和攀比各自的性交经历。副标题是"过度的两夜"。

我可以想象，我太太和女儿将卖掉我的全部或部分藏书，用来付清遗产税等等。这个想法并不悲哀，恰恰相反：旧书重返市场，彼此分散，到别的地方，给别的人带来喜悦，激发别的收藏热情。

15

人死后他的藏书怎么办

我很少把藏书展示给别人看。藏书是一种手淫现象，只属于个人，很难找到能够分享同一激情的人。你若收藏美轮美奂的画，人们会纷纷前来欣赏。但没有人会真的对你的旧书藏品感兴趣。他们不理解你为什么要如此看重一本毫无吸引力的小书，并倾注多年心血去寻找它。

我的藏书无所不包，同样很好地反映我本人的天性。在我一生当中，总有人在不停地说我过于分散。我的藏书就是我的形象。

托纳克　让－克洛德，你说你曾卖掉一部分藏书，并且也不觉得特别难过。我想请问二位，你们的藏书将来会有怎样的命运。一旦创造出这么一批藏书，爱书人毕生心血的成果，你必然要考虑，当你不再能照顾它时它该怎么办。因此，如果你们不介意的话，我想谈一谈在你们离开人世以后你们的藏书的命运。

卡里埃尔　我的藏书确实缩减过，奇怪的是，卖掉一整批精美的藏书并没有让我感到痛苦。我反而因此得到一份惊喜。我把部分超现实主义的作品委托给热拉尔·欧贝雷，请他拆分出售。那是一些挺漂亮的藏书，包括珍贵的手稿和带作者亲笔献辞的签名本。

我在付清债务的当天打电话给欧贝雷，了解出售情况。他告诉我，还有不少书没找到买主。我请他寄回剩下的书。出售这批书前后已有四年，遗忘开始发挥作用。我带着意外发现宝物的激动重新看到自己已经拥有的书，就像一大瓶我以为已经喝掉、其实还原封不动的美酒。

我死以后我的藏书怎么办？让我的妻子和两个女儿去做决定吧。只不过，我肯定会在遗嘱里写明，把这本书或那本书送给某个朋友，就当一份身后的礼物，一个信号，一种接力。这么一来，他们不至于完全忘记我。我正在考虑送什么书给你。啊，我要是有你缺的那本基尔歇的作品就好了[1]……可惜我没有。

艾柯 至于我的藏书，我绝对不愿意让它们分散在各处。我的家庭可以把它捐赠给某个公立图书馆，或通过拍卖行出售。这样，所有的书就能一起卖给某个大学。这对我来说最为重要。

卡里埃尔 你拥有一批真正意义上的藏书。这是你长期努力建构的杰作，你不愿意看着它四分五裂。这很正常。这批藏书也许和你的作品一样出色地映现着你本人。

1　基尔歇最早的作品《磁学》。艾柯独缺这一本，并在前文中表示，为了这本书将不惜任何代价。

我自己也是一样：我的藏书无所不包，同样很好地反映我本人的天性。在我一生当中，总有人在不停地说我过于分散。我的藏书就是我的形象。

艾柯 我不知道我的藏书是不是我本人的形象。我刚才也说了，我收藏自己并不信任的作品，因此，藏书是我的反面形象，或我的矛盾人格的形象。我在这一点上不能确定，因为我很少把藏书展示给别人看。藏书是一种手淫现象，只属于个人，很难找到能够分享同一激情的人。你若收藏美轮美奂的画，人们会纷纷前来欣赏。但没有人会真的对你的旧书藏品感兴趣。他们不理解你为什么要如此看重一本毫无吸引力的小书，并倾注多年心血去寻找它。

卡里埃尔 为我们这种有罪的倾向辩护，我会说，你可以和一本原版书保持某种类似人与人之间的关系。一批藏书就像有一群人相伴，一伙活生生的朋友，一些个性不一的人。哪天你觉得孤单了，消沉了，你可以去找它们。它们一直在那里。我有时还会翻自己的藏书，从中发现早已被遗忘的珍宝。

艾柯 我刚才说，这是一种孤独的恶习。出于某些神秘的理由，我们对一本书的眷念与其商业价值毫无干系。我有一些非常喜欢的书，却不值什么钱。

托纳克 从珍本收藏的角度，你们有多少藏书？

艾柯 我想，人们通常会混淆个人藏书与珍本收藏。我有五万册藏书，分散于我常住的家和其他不常住的房子里。但这都是些现代书籍。我还有一千两百册珍本。两者有所不同。珍本书都由我亲自挑选（并花钱买下）；现代藏书有一部分是我多年来陆续买下的，但有越来越多的书是别人送的。我送了一大堆书给学生们，但还是留下很多，算算有五万册。

卡里埃尔 不算寓言和传奇，我总共有三到四万册藏书，其中有两千册古本。有时候有些书会成为负担。比如说，你不能丢掉一本朋友题献的书。这个朋友会到你家。必须让他看见自己的书，并且摆在显眼的位置。

有些人撕下题献页，把剩下的书当旧书卖掉。这和撕下珍本书以便单张单张地卖一样恶劣。我想，你肯定也收到了安贝托·艾柯在世界各地的朋友寄来的书！

艾柯 我做过计算，不过是在较早以前，还得按如今的行情稍做修改。我先估算了米兰的房价——位置既不能在老城中心（太贵），也不在郊外——就一个中产阶级还算过得去的住所来说，每平方米要价六千欧元，一个五十平方米的公寓就是三十万欧元。现在，扣除门窗等必要的占地空间，公寓的所谓"垂直"空间，也就是可以放书架的面积，实际只有二十五平方米。这么算下来，垂直空间的每个平方米要花一万两千欧元。

再来算书架的费用，一个六层的书架，按最低的标准来算，每平方米要花五百欧元。在一个平方米的六层书架里，我大概可以放三百本书。也就是说，每本书的占地费用至少是四十欧元。这比书价本身还昂贵。因此，每个寄书给我的人最好同时附上一张这个数的支票。美术书的尺寸更大，费用也就更高。

卡里埃尔　译本也一样。如何处置你的五本缅甸语译本？[1] 你会说，万一碰上一个缅甸人就可以用来做礼物。但你得碰上五个才成！

艾柯　我有个地下室，专门用来存放我的各国译本。我曾经试着把它们寄往监狱，我当时想，在意大利监狱里，德国人、法国人和美国人不如阿尔巴尼亚人和克罗地亚人多。因此，我就寄后两种语言的译本。

卡里埃尔　《玫瑰之名》被翻译成了多少种语言？

艾柯　四十五种。这个数字与柏林墙倒掉有关，加上俄语以前是整个苏维埃共和国的官方语言，苏联分裂之后就得分别译成乌克兰语、阿塞拜疆语，等等。所以才有这么个夸张的数字。每种语言的译本有五到十册样书，这就有两百到四百册样书进驻地窖了。

1　依据惯例，一部作品被翻译成其他语言出版时，原作者和出版社会分别收到数量不等的样书。

卡里埃尔　说句知心话：我有时会假装不知道地把它们丢掉。

艾柯　有一次，为了让组委会主席高兴，我答应担任维亚雷吉奥文学奖[1]的评委。我只参与论文类的评审。我发现，每个评委都不分类别地收到了全部参赛作品。就拿诗歌来说吧，你和我都知道，这个世界充斥着诗人，而诗人们都自己掏钱出版美妙的诗作，我那次收到几箱子诗集，不知如何处置才好。除此之外，还有其他类别的参赛作品。我当时想把这些作品留下来当作资料。不过很快我就面临家里没有足够地方的问题，所幸我最终放弃担任维亚雷吉奥文学奖评委。这场事故就此停息。诗人们是最最危险的。

卡里埃尔　你听说过一个来自阿根廷的笑话吧。你也知道，阿根廷有非常多诗人。其中一位遇到老朋友，把

1　维亚雷吉奥文学奖（prix Viareggio），意大利文学奖项，始创于 1930 年，目前分为四类奖项：处女作类、虚构类、诗歌类和论文类。

手伸进口袋，告诉对方："啊！真巧！我刚写了一首诗，我读给你听。"另一位也把手伸进口袋说："注意，我也有一首！"

艾柯　可是，阿根廷的精神分析学家比诗人更多，不是吗？

卡里埃尔　好像是的。不过，一个人可以既是精神分析学家又是诗人。

艾柯　我的珍本收藏显然不能跟荷兰收藏家利特曼[1]相提并论，他创立了神秘哲学图书馆（简称BPH）。近几年来，由于他几乎收齐了相关领域的书籍，就开始收集稀有的印刷初期珍本，即便内容与神秘学无关。他所收藏的现代书籍全放在一幢大楼的顶层，占据整整一层楼，古代珍本则保存在地下室，里面的布置令人赞叹。

_____

1　利特曼（Joost Ritman，1941— ），他在阿姆斯特丹创立了神秘哲学图书馆（Bibliotheca Philosophica Hermetica）。

卡里埃尔　巴西收藏家何塞·曼德林围绕着一般所说的"美洲"（Americana）主题创建了一批独一无二的藏书。他造了一所房子专门放这些书。他还设了一个基金，以便在他去世以后巴西政府接管他的图书馆。我的藏书要粗陋得多。不过我想特别安排其中两套书的命运。有一套我想是独一无二的，是各种寓言、传奇、神话，世界各国的起源叙事。从藏书角度而言，这些书并非珍本。这些故事没有作者，版本往往稀松平常，书也是用旧的书。我希望把这套三四千册的书捐赠给某个民间艺术博物馆或某个专题图书馆。不过我还没有找到这样的机构。

第二套我想特别安排的藏书（我还不知道该如何安排），是我和我太太一起收集的。我在前面提到过了，16世纪以来的"波斯游记"（voyage en Perse）。也许有一天我们的女儿会对它感兴趣。

艾柯　我的孩子们似乎对藏书不感兴趣。我儿子很高兴我收藏有乔伊斯初版的《尤利西斯》；我女儿常常翻看 16 世纪玛蒂奥利[1]的植物图册。不过仅此而已。话说回来，我真正成为珍本收藏家还是在五十岁以后。

托纳克　你们担心小偷吗？

卡里埃尔　有人偷走我的一本书，那可不是随便什么书，而是萨德的《闺房哲学》[2]原版。我想我知道小偷是谁。那是在搬家期间。我再也没能把书找回来。

艾柯　那是某个懂行的人经过。收藏珍本的小偷最危险，他们只偷一本书。书店老板最终会认准一些有偷窃嗜好的客人，并通知其他书店的同行。对收藏者而言，普通小偷并不可怕。想象一下，倒霉的橇门小偷如何才能冒险窃取我的藏书。他们得花整整两夜才能把所有书装箱，再用一辆大卡车运走。

1　玛蒂奥利（Pietro Andrea Mattioli，1501—1577），意大利医生，植物学家。
2　《闺房哲学》（*La Philosophie dans le boudoir*），萨德 1795 出版的小说。

随后（倘若不是亚森·罗宾[1]买下全部赃物并藏进奇岩城），旧书商会狠狠压价，让他们大吃苦头，并且只有那些无所顾忌的书商才会接受，因为很显然这是一批被盗的书。另外，一个好的藏书者会给每册珍本做记录卡，写明书上的各种缺陷，以及确认此书身份的各种标记。警察局也有专门负责艺术品和珍本盗窃的部门。比如在意大利，这个部门当年在寻找战争期间丢失的艺术品时训练有素，还是很有效率的。最后，小偷如果决定只拿走三本书，也肯定会弄错，他会选择最大部头或装订最精美的书，以为这是最昂贵的。最珍稀的书很有可能小得毫不起眼。

最大的风险是某个疯子藏书者专门派来的小偷，他知道你有某本书，坚决想要，即便付出盗窃的代价。不过，你得有 1623 年的莎士比亚"第一对开本"，否则可不值得冒这个险。

---

1 亚森·罗宾（Arsène Lupin），法国作家莫里斯·勒布朗（Maurice Leblanc，1864—1941）所创造的侠盗。下文的奇岩城（Aiguille Creuse）是小说中的地名，据说是自恺撒征战高卢时代起历代将王的藏宝处，被亚森·罗宾发现。

卡里埃尔　你知道，有些所谓的"古董商"会提供某种出售清单，上面的古董家具都还在主人家。你若感兴趣，他就安排盗窃，并且只偷你要的那件家具。不过，我基本同意你刚才的说法。我家曾经被盗过一次。小偷拿走了电视机、收音机之类，但一本书也没拿。他们偷走了一万欧元，但只要拿一本书就是这个数目的五到十倍。我们受到无知的保护。

托纳克　我想，所有藏书家都或多或少做着火灾的噩梦？

艾柯　哦，是的！正因为这样，我才花了一大笔钱给我的藏书买保险。我在小说里写到图书馆被烧不是偶然。我总是害怕家里着火。我知道这是为什么。我三岁到十岁期间住的公寓，就在本城消防队长家的楼下。常常，有时一周好几次，夜里起了火灾，在警笛之后，消防队员前来把他们还在睡觉的队长拉走。他的靴子在走廊里震响，常把我吵醒。第二天，他太太会告诉我母亲惨剧的所有细节……你瞧，我的童年就萦绕在火灾的威

人死后他的藏书怎么办

胁之中。

托纳克 我很希望把话题转回到你们的藏书的命运
上……

卡里埃尔 我可以想象,我太太和女儿将卖掉我的全
部或部分藏书,用来付清遗产税等等。这个想法并不悲
哀,恰恰相反:旧书重返市场,彼此分散,到别的地方,
给别的人带来喜悦,激发别的收藏热情。你肯定还记得
西克斯上校,他是很有钱的美国藏书家,收藏了你能想
象到的最令人惊叹的 19 至 20 世纪法国文学作品。他在生
前就把藏书卖给特鲁奥 [1]。整个拍卖持续了十四天。我在
这次令人难忘的拍卖之后遇见他。他毫不遗憾,他甚至
还很骄傲,在两个星期里惊动了数以百计真正的爱好者。

艾柯 我的藏书主题非常冷僻,我甚至不知道究竟
有谁会感兴趣。我不愿意让我的书落到某个信神秘术的

1　特鲁奥（Drouot）,法国最大的拍卖行之一。

人手里，他肯定会对这些书感兴趣，但却是出于别的用意。也许我的藏书会让中国人买走吧？我曾收到一期在美国出版的《符号学》[1]杂志，那一期是中国符号学专题。杂志引用我作品的次数甚至超过了一般专著。也许，有那么一天，我的藏书将引起中国研究者的特别兴趣，也许他们将会比别的人更有志了解西方的种种荒唐。

1　《符号学》(*Semiotica*)，符号学研究杂志(英语和法语)，创刊于 1969 年。

著作简目

安贝托 · 艾柯 Umberto Eco

论 著

L'Œuvre ouverte, Le Seuil.

La Structure absente, Mercure de France.

La Guerre du faux, traduction de Myriam Tanant avec la collaboration de Piero Caracciolo, Grasset.

Lector in fabula, traduction de Myriem Bouzaher, Grasset.

Pastiches et Postiches, traduction de Bernard Guyader, Messi¬dor, 10/18.

Sémiotique et philosophie du langage, traduction de Myriem Bouzaher, PUF.

Le Signe:histoire et analyse d'un concept, adaptation de J. M. Klinkenberg, Labor.

Les Limites de l'interprétation, traduction de Myriem Bouzaher, Grasset.

De Superman au surhomme, traduction de Myriem Bouzaher, Grasset.

La Recherche de la langue parfaite dans la culture européenne, traduction de Jean-Paul Manganaro ; préface de Jacques Le Goff, Le Seuil.

Six promenades dans les bois du roman et d'ailleurs, traduction de Myriem Bouzaher, Grasset.

Art et beauté dans l'esthétique médiévale, traduction de Maurice Javion, Grasset.

Comment voyager avec un saumon, traduction de Myriem Bouzaher, Grasset.

Kant et l'ornithorynque, traduction de Julien Gayrard, Grasset.

Cinq Questions de morale, traduction de Myriem Bouzaher, Grasset.

De la littérature, traduction de Myriem Bouzaher, Grasset.

A reculons comme une écrevisse. Guerres chaudes et populisme médiatique, Grasset.

Dire presque la même chose. Expériences de traduction, traduction de Myriem Bouzaher, Grasset.

Histoire de la laideur, traduction de Myriem Bouzaher et François Rosso, Flammarion.

Histoire de la beauté, traduction de Myriem Bouzaher et François Rosso, Flammarion.

小 说

Le Nom de la rose, traduction de Jean-Noël Schifano ; édition augmentée d'une Apostille traduite par Myriem Bouzaher, Grasset.

Le Pendule de Foucault, traduction de Jean-Noël Schifano, Grasset.

L'Ile du jour d'avant, traduction de Jean-Noël Schifano, Grasset.

Baudolino, traduction de Jean-Noël Schifano, Grasset.

La Mystérieuse flamme de la reine Loana, roman illustré, traduction de Jean-Noël Schifano, Grasset.

让-克洛德 · 卡里埃尔 Jean-Claude Carrière

Le Vin bourru, Plon.

La Force du bouddhisme, avec le Dalaï lama, Robert Laffont.

Dictionnaire amoureux de l'Inde, Plon.

Einstein s'il vous plaît, Odile Jacob.

Fragilité, Odile Jacob.

Tous en scène, Odile Jacob.

Contes philosophiques du monde entier (Le Cercle des menteurs 1 et 2), Plon.

Le Mahâbhârata, Albin Michel.

La Conférence des oiseaux, Albin Michel.

Dictionnaire amoureux du Mexique, Plon.

让-菲利浦 · 德 · 托纳克 Jean-Philippe de Tonnac

René Daumal, l'archange, Grasset.

Entretiens sur la fin des temps, avec Jean-Claude Carrière, Jean Delumeau, Umberto Eco, Stephen Jay Gould (en collaboration avec Catherine David et Frédéric Lenoir), Fayard, le Livre de Poche.

Révérence à la vie, conversations avec Théodore Monod, Grasset, le Livre de Poche.

Sommes-nous seuls dans l'univers?, avec Jean Heidmann, Nicolas Prantzos, Hubert Reeves, Alfred Vidal Madjar (en collaboration avec Catherine David et Frédéric Lenoir), Fayard, le Livre de Poche.

Père des brouillards, roman, Fayard.

Fous comme des sages - Scènes grecques et romaines, avec Roger-Pol Droit, Le Seuil, Points Seuil.

La Mort et l'immortalité, encyclopédie des savoirs et des croyances, codirigée avec Frédéric Lenoir, Bayard.

Le Mystère de l'anorexie, entretiens avec Xavier Pommereau, Albin Michel.

Les Cathares, la contre-enquête, avec Anne Brenon, Albin Michel.

网络与书籍——苏格拉底的预言

　　网络是否会扼杀书籍？在雨果笔下，巴黎圣母院的副主教克洛德·弗罗洛曾右手指着一本摊开的拉丁文《保罗书信集注》，左手指着黄昏时分的圣母院，满怀忧伤地说道："不幸，这一个将要扼杀另一个。"如果说，书籍在西方中世纪末期曾经抢了一度被视为"石砌的圣经"的教堂的风头，那么，在全球化的今天，书籍是否也面临被看来无所不能的网络所取代的隐患？

　　无数统计指数表明，今天的人读书越来越少，年轻人尤其是阅读最少的人群。有的专家学者把"阅读危机"解释为"人文精神危机"，也有的认为阅读率下降是必然趋势，未必导致文化的衰落。有人甚至在 2008 年世界经济论坛上预测，书籍将在不久的将来消失。书籍现代危机究竟存在吗？电子书是传统书籍的终结还是延续？书的未来将走向何方？

艾柯和卡里埃尔的对话集《别想摆脱书》选择在恰当的时机问世（法文版于 2009 年 11 月正式出版，书尚未出，已经引起各方关注），话题直指当下书籍命运最严峻的疑问，显然不是什么"神仙会谈"，而是有备而来。两位对话人均享有多种头衔，艾柯（Umberto Eco）自不用说，近年来在我国拥有大量追崇者，被誉为 20 世纪后半期最耀眼的意大利学者和作家，著作等身。他还是藏书家，拥有五万册藏书和一千两百册古本，其中大多数藏书与神秘学和假科学有关，他自称为"符号学、奇趣、空想、魔幻、圣灵的藏书"。相比之下，读者也许对卡里埃尔（Jean-Claude Carrière）了解较少。不过，作为法国电影泰斗，法国国家电影学院创始人，卡里埃尔创作了大量经典电影剧本，如《大鼻子情圣》、《布拉格之恋》（改编自昆德拉《生命中不能承受之轻》）、《屋顶上的骑兵》（改编自让·吉奥诺同名小说）、《卡米耶·克洛代尔》、《白昼美人》，等等，但凡对欧洲电影略知一二的人，恐怕不会不知道。卡里埃尔是西班牙电影大师布努埃尔最青睐的编剧，又长期与彼得·布鲁克合作，尤擅长改编文学名著，从荷马到莎士比亚，从巴尔扎克到普鲁斯特，无不涉猎。不仅如此，他还是出色的作家、藏书家，迄今著有三十多部作品，拥有约四万册藏书和两千册古本。这样两个一生几乎都在和书打交道的人，坐到一起畅谈书的过去、现在与未来，我们大可想见对话的精彩程度。

认识书的历史，有助于重建文明的历史，并在当下的文化迷宫中辨别方向。从某种程度而言，《玫瑰之名》的主题不是古老修道院里接二连三的凶杀，而是书的命运，主角不是睿智的方济各会修士巴斯克威尔的威廉，而是书本身。艾柯在小说中既讲述了整体的书（一个图书馆神迹般的繁荣和最终毁于火中），也讲述了个体的书：亚里士多德的《诗学》。德高望重的老僧约尔格仇视笑，笑使人忘却恐惧，而没有恐惧就没有信仰。他千方百计阻止人们读相传早已佚失的《诗学》第二卷"论喜剧"，在书上涂毒，最后还一页页撕下吞进肚里……

书的查禁和销毁并不仅仅发生在中世纪。中国古代有秦火焚书。使徒保罗在希腊传道时焚烧古希腊科学典籍。基督教成为罗马帝国国教后，古埃及象形文字和作为文字传承者的祭司们一起被尘封于紧闭的神庙之中。13世纪蒙古人洗劫巴格达城，烧毁近三百万册穆斯林典籍，包括近半数灿烂的苏菲派诗歌。西班牙人在新大陆销毁了几乎全部的玛雅文明和阿兹特克文明的典籍。希特勒和戈培尔烧毁无数"堕落"的犹太人书籍……

自公元前48年恺撒和庞培的战火烧过以来，亚历山大图书馆在几个世纪里渐渐消失于火中。这个事件震撼人心，不仅因为这座空前绝后的图书馆藏有荷马的全部诗稿和阿基米德的手迹，还因为火就此成为书的历史上最深最长的噩梦。迫害和危机贯穿整个书的历史：宗教政治审查，外邦异族侵犯，乃至最平常不过的火灾、虫蛀和霉变。但反过来，迫害和危机也成就了书的历史。在艾柯的故事里，为书而死的人——随风而逝，包括老僧约尔格，但《诗学》永远佚失的第二卷却常留在书的历史和人的历史之中。

谈论网络与书籍的当下问题，不能绕开不谈印刷术和新教改革。从古腾堡在西方印刷第一部《圣经》起

（约 1452—1455），以印刷书为载体的书的历史仅有五百来年。如今在古籍市场上被奉为天价的"印刷初期珍本"（incunable），也不过是 16 世纪的产物。但我们知道，广义的书的历史，也就是书写的历史，远远不止于此。早在印刷书籍以前，人类就有莎草纸稿、羊皮纸卷、石碑、木板、竹片、锦帛等等更古老的书写载体。如果把电子书视为印刷书之后的新载体，那么在书的历史上，网络是继印刷术之后的又一标志性事件。当下所讨论的"阅读危机"，究竟是网络渐渐有取代传统印刷书的势头，人们只读电子书而不读传统的印刷书？还是人们确实不再读书了？这个区分显然很关键。新教改革以来，书不再是仅仅属于少数贵族和僧侣的特权，没有古腾堡发明西方活字印刷术，《圣经》的广泛传播难以想象。印刷术使得人人有书读，难道网络却反而让人不再读书吗？

艾柯再三强调一个比喻，书如轮子。一经发明，轮子就尽善尽美，再无改进的必要和可能。同样的，书作为阅读的载体，也永不可能被超越和替代。本书命名为"别想摆脱书"，第一章标题更声明"书永远不死"，看来两位对话人是很肯定地否决了书将消失于人类世界的预

译后记

言。艾柯所说的"书"，其实是广义上的书，用"书写"来表达更确切。书写的历史既不开始于古腾堡圣经，看来也不会终结于电子书的诞生。书写和轮子一样不死。

"不朽的书写"这一说法古来有之。艾柯和卡里埃尔虽然没有在对话中提到，但西方书写起源的神话，却是出自毕生从未著述的苏格拉底。柏拉图对话《斐德若》讲道，埃及有个古老的白鹭神叫忒伍特（Theut）发明了文字。然而，法老塔穆斯提醒他，有了这个发明，人们从此将信赖书写，不再练习回忆，"仅凭记号外在地记忆，而不再靠自身内在地回忆"，也就是说，书写使人"在灵魂里善忘"（《斐德若》，275a）。

在柏拉图笔下，苏格拉底进一步把书写分成两种，一种是"农作的田间"，一种是"阿多尼斯的园子"。按我们今天的话来说，就是专业写作和业余写作。前者是严肃的劳作，是智者写在灵魂深处的文字，"用知识写在习者灵魂中，它有能力卫护自己，而且懂得对谁该说、对谁该缄默"（276a）。专业作者用严肃的文字在他人的灵魂里播下不死的种子，正如苏格拉底以对话的方式把"爱智"的学问教授给雅典青年。至于后者，阿多尼斯是个美少年，连阿弗洛狄忒也对他倾倒不已，可惜他未成年就在狩猎时被野猪咬死。古希腊的妇人们在每年仲夏时节举办阿多尼斯节，把种子埋在装着泥土的篮子、贝壳或瓦罐里，这样开出的花儿特别容易凋谢。阿多尼斯的园子，其实就是容易凋谢、不会长久留存的业余写作。

书写有别，阅读也必然分等次。在很多情况下，由于书写，"没经过教，学生们就听说了许多东西，于是，他们就会对许多自己其实根本不懂的事情发表意见，结果很难相处，因为他们得到的仅是智慧的外观，而非智慧本身"（275b）。这段话值得今天的人们再三体味。人人都知道莎士比亚，也都能自诩读过莎士比亚，即便从传统的教科书中也能了解《哈姆雷特》的中心内容、思想内涵，等等。然而，据苏格拉底的说法，真正的阅读是必须教才能会的，单单读过并不一定能体会书中的智慧，没有正确方法的阅读更有可能让人只抓住智慧的外观并沾沾自喜。艾略特在上个世纪二十年代曾经说过，从文学品质而言，《哈姆雷特》是一部混乱的悲剧，算不上杰作。但它变成一个谜，引发世人不断探索，它因经得起历代注释而成为杰作。只是我们不得不承认，在书

译后记

的历史上，只有一个莎士比亚，也只有一部《哈姆雷特》。

所谓的"阅读危机"，看来不只在于人们不读书，还在于不正确地读书。不正确有时是方法不对，有时则是没有读对书。我们从苏格拉底那里明白，一本书并不总是适合所有人，"一旦写成，每篇东西就以相同的方式到处传，传到懂它的人那里，也同样传到根本不适合懂它的人那里，文章并不知道自己的话该对谁说、不该对谁说。要是遭到非难或不公正的辱骂，总得需要自己的父亲来帮忙；因为，它自己既维护不了自己，也帮不了自己"（275e）。如果说网络确实带给书籍什么危机性的冲击，那么这大概尤其表现在，网络时代的书籍更显著地体现了苏格拉底当初的忧患：一方面，书无法选择读者，也不能为自己辩护；另一方面，摆在读者面前的不再只是一篇看似高妙的吕西阿斯辞赋，而是网络时代无穷无尽真伪难辨的信息，而我们不总是有一个苏格拉底像当初那样拦住天真的斐德若，耐心揭穿智术师吕西阿斯的欺骗本质。

在柏拉图对话《斐德若》中的某个夏日的正午，雅典城外的伊利索斯河畔，苏格拉底快活地躺在梧桐树下，向少年斐德若传授书写的秘密。苏格拉底对书写做出的种种预言，如今一一得到验证，阿多尼斯园子式的书写和阅读处处绽放，侵犯着"劳作的田间"，原本界限分明的两种书写方式被混淆了。在笔者看来，混淆二字才是书的真正危机所在。在当下"全民写作"的文化气候里，撇开多数网民如阿多尼斯园子般的博客写作不谈，真正的危险始终来自吕西阿斯式的写作，混淆界限，名不副实，如苏格拉底最后在祈祷时所称，"身外之物与内在的东西闹了别扭"（279c），随时可能迷惑没有防备的斐德若们。从某种程度而言，所谓书的现代危机，无非是人类又一次面临苏格拉底当年的忧虑；现代学人呼吁"书永远不死"，也无非是响应柏拉图当年所开启的真正意义的写作——柏拉图用书写的方式记录下了一生没有留下任何著述的老师的言说，这尤其值得深思。看来，讨论书的命运，无论如何不能避开苏格拉底的预言。

从迫害到虚妄，《别想摆脱书》的对话由此进入华彩部分：为愚蠢和谬误正身。在人类历史上，不仅有智慧和精神丰碑，更有愚蠢和谬误。人类一直都在真诚地犯错，愚蠢和谬误也始终横贯人的历史和书的历史。不

译后记

说别的，我们对古代作者和古代民族的了解，岂非往往从其反对者的记载开始？从恩培里柯的批评认识廊下派哲人，从艾提乌斯的笔记发现前苏格拉底哲人残篇，从恺撒的《高卢战记》了解高卢人，从塔西陀的《日耳曼尼亚志》了解日耳曼人……

从前玄奘要穿越西域，前往天竺取经，欧洲中古学者为了意大利修道院里的一卷珍本，要横穿英吉利海峡，越过阿尔卑斯山；如今，网络在弹指之间提供了近乎无穷的阅读可能。古人在抄写经文时会小心翼翼地依样照抄前人笔误，手抄本上的一个笔误也会得到膜拜；如今人们一边怀疑着网络上未加分辨和过滤的信息，一边又随时随地有条件添上新的信息。这是人类的进步还是退步呢？无论如何，谬误和愚蠢像影子一般忠实地追随着我们。但有一点大概可以确定，网络与书籍并不是非对立不可。

不先接受托勒密的谬误的地心学说，我们将无从理解伽利略的正确的天体运动学说，同时认识到托勒密错了。艾柯自称只对谬误和愚蠢感兴趣，因此，他收藏谬误的托勒密珍本，却没有正确的伽利略著作。这让人不由想到列奥·斯特劳斯强调迫害对写作技艺的根本影响以及文本阅读的隐微理念。从某种程度而言，这两位学者的研究路向分别指向苏格拉底预言里的两极，一个关注多数人如何"凭借记号外在的记忆"，一个倾心于少数人如何重建"内在的回忆"，究竟谁更有说服力，让我们拭目以待。

吴雅凌　　2013 年 6 月再记于上海

吴雅凌，任职于上海社会科学院，撰有《神谱笺释》，译有《柏拉图与神话之镜：从黄金时代到大西岛》、《柏拉图对话中的神》等。

译后记